LE MANSOIS DUPREY

De Montmartre à Montrouge

(Étude d'ethnographie parisienne)

PARIS
JOUVET & Cie, ÉDITEURS
5, Rue Palatine, 5

De

Montmartre

à

Montrouge

Paris. — Imprimerie du Magasin Pittoresque (E. Best).

LE MANSOIS-DUPREY

De
Montmartre
à
Montrouge

(Étude d'ethnographie parisienne)

PARIS

JOUVET & Cie, ÉDITEURS

5, Rue Palatine, 5

PRÉFACE

En général, une préface se résume ainsi : « Mesdames et Messieurs, le livre que nous avons l'honneur de vous offrir est une œuvre très remarquable, la meilleure qui ait été publiée jusqu'à ce jour, dans son genre ; lisez-le donc avec soin, et admirez-le de confiance. » Le public est blasé sur ces sortes d'apologies personnelles, et il les saute pour commencer sa lecture au chapitre premier. Elles sont, d'ailleurs, inutiles ; tout le monde sait qu'un auteur est convaincu qu'il a immensément de talent. Si son ouvrage ne se vend pas, c'est qu'il n'est point à la portée de ses concitoyens, et il n'a que de la pitié pour son époque qui ne le comprend pas.

Il y a des écrivains qui procèdent autrement : ceux-ci semblent dire à leurs lecteurs : « Vous n'êtes pas capables de saisir l'idée qui se dégage de mon étude, de mon roman ou de ma pièce, je vais donc vous l'indiquer, afin de suppléer à votre défaut d'intelligence. » Alors, dans une dissertation, dont le caractère principal est la longueur, ils démontrent que les faits qu'ils ont accumulés, les conclusions partielles qu'ils en tirent tendent à une conclusion générale qu'ils indiquent, et dont il font voir la haute portée philosophique ou sociale. Il est inutile, n'est-ce pas, de donner des exemples.

Si nous voulions suivre le procédé n° 1, nous n'aurions qu'à prendre n'importe quelle préface établie d'après cette formule, et à changer le titre du livre, l'affaire serait faite.

On peut encore employer un autre système. On va relancer un homme bien en vue, dont la renommée est définitivement établie, et on lui demande de présenter le volume. Cela ne l'amuse guère, mais, comme pour une raison ou pour une autre, il lui est difficile de refuser, il s'exécute et écrit en tête de l'ouvrage un éloge qui lui sert de certificat de bonne conduite, ou de mauvaise, selon le public auquel il s'adresse. Or, comme pour le choix de son répondant, l'auteur consulte plutôt ses relations personnelles que la parenté littéraire, il se produit des rencontres bizarres. Conçoit-on Zola recommandant un disciple de Pierre Loti, Pailleron préfaçant pour un jeune tragédien, ou Paul Bourget servant de parrain à un roman de cape et d'épée ?

Je m'aperçois qu'au lieu de faire ma préface, je critique celles des autres, ce qui est assurément plus facile, mais ne remplit pas le même but. Donc, je déclare, sans commentaires, que j'ai voulu mettre sous les yeux du lecteur l'alliance étroite de Paris avec la province, et faire comprendre comment cette alliance est constituée.

PRÉFACE.

Cette étude est forcément incomplète, comme tout ce qu'on a écrit et qu'on écrira sur Paris. Chaque fois qu'il paraît une publication à son sujet, il semble qu'il n'y ait plus de place pour une autre, et cependant plus on l'examine, plus on l'analyse, plus on reconnaît qu'il reste des côtés que personne n'a encore entrevus. C'est que Paris n'est pas une ville, c'est un ensemble de villes de mœurs absolument différentes; c'est une réunion de populations diverses, tantôt cantonnées chacune chez elle, tantôt enchevêtrées, se coudoyant et réagissant les unes sur les autres. Le faubourg Saint-Germain, Courcelles, la Chaussée-d'Antin, le Marais, le Quartier-Latin, les Batignolles, Montmartre, Belleville sont autant de pays dont les habitants ont beau se rencontrer dans la rue, s'ignorent réciproquement. Souvent ils croient leurs intérêts contraires, tandis qu'ils ne sont séparés qu'à la surface. L'ouvrier a besoin du patron qui lui donne du travail; le patron ne peut se passer de l'ouvrier qui lui permet d'exercer son industrie. L'industriel et le commerçant ne sauraient vivre sans le riche oisif qui dépense; le savant leur vient en aide en fournissant des éléments nouveaux à leur activité. L'explorateur, le marin, le soldat sont leurs auxiliaires en leur ouvrant dans les contrées lointaines des débouchés pour leurs produits. Ce sont, à leur tour, l'industriel et le commerçant qui fournissent, aux privilégiés de la fortune, leur luxe et leur confort. C'est grâce à eux que s'équipent l'explorateur, le marin, le soldat. Chacun est donc nécessaire à tous, tous sont donc nécessaires à chacun. Quelle différence pourtant de caractère et d'idées entre ces gens, citoyens d'une même cité ! Dans chaque catégorie même, combien ils se ressemblent peu entre eux ! La noblesse qui se renferme dans le faubourg Saint-Germain n'est pas la même que celle qui a émigré vers le parc Monceau, l'ouvrier en chambre du Marais n'a rien de commun avec le maçon de la place Maubert, le bijoutier et le charcutier sont séparés par une distance aussi grande. Qui donc prendra une à une toutes ces individualités éparses, les montrera telles qu'elles sont, sans panégyrique et sans dénigrement, et réalisera cette grande encyclopédie de la population parisienne ?

Dans ce petit livre, nous nous sommes efforcé de n'apporter aucune appréciation qui ne fût basée sur une observation exacte et minutieuse des faits et des caractères. Peut-être ces appréciations ne plairont-elles pas toujours à ceux qui en sont l'objet ; avant de se fâcher, qu'ils s'interrogent et se répondent sincèrement, ils seront alors les premiers à reconnaître que les travers signalés à côté des qualités n'ont pas été exagérés, que si celles-ci existent, ce dont ils sont convaincus, ceux-là doivent les accompagner, en vertu de ce vieil adage, vérité profonde comme tous les lieux communs : « l'homme n'est pas parfait. »

Les types de la campagne pourront sembler un peu anciens. Ils le sont en réalité, et contemporains en même temps. Aujourd'hui les mœurs et les costumes locaux ne se transforment plus, ils disparaissent ; aussi nous sommes nous empressé de saisir ceux qui subsistent encore et dont quelques-uns n'ont pas varié depuis un siècle.

Le mélange de bon et de mauvais, vous le rencontrerez aussi dans l'ouvrage que nous vous présentons, glissez sur le mauvais, insistez sur le bon, mais surtout lisez le volume, achetez en beaucoup d'exemplaires. C'est la grâce que je nous souhaite, à mon éditeur et à moi.

L. M.

INTRODUCTION

Un bon rentier, qui n'a jamais quitté sa petite ville, veut enfin voir Paris et connaître ces Parisiens, dont il a entendu dire tant de mal et parfois aussi un peu de bien. Il débarque à la gare de P.-L.-M., si vous voulez; là, il est entouré d'employés provençaux, bourguignons, lyonnais, etc. Cela ne l'étonne pas; il n'ignore point que les Compagnies recrutent leur personnel principalement dans leurs réseaux, que le facteur aujourd'hui au boulevard Diderot sera demain à Marseille. La gare n'est d'ailleurs pas encore Paris; ce n'est que le point d'attache de la chaîne qui le relie à une partie de la France.

Il sort et demande son chemin à un gardien de la paix, beau gars, aux yeux noirs, à la chevelure et aux moustaches aile de corbeau ; celui-ci lui répond avec un accent ultra-méridional. Notre homme, qui est du Midi, reconnaît immédiatement un Corse. Cela doit être évidemment une exception, cependant il se souvient que les romans, dans lesquels il a étudié la patrie de Colomba, la lui ont dépeinte comme incapable de nourrir sa population; il sait par eux que tous les Corses sont brigands ou gendarmes ; on conçoit donc qu'il s'en trouve parmi les gardiens de la paix.

Il hèle un cocher; c'est un pur indigène du Rouergue.

Enfin le voilà installé, son concierge est Basque, son propriétaire est de Montréjeau, son charbonnier est Auvergnat.

Il va aux environs du Panthéon pour acheter un livre

de trois francs dont il a besoin. Le libraire, aimable homme, au teint clair, aux cheveux châtains, fortement charpenté, un peu bedonnant, dont l'accent lent et goguenard lui est inconnu, lui colloque pour cent cinquante francs de fonds de magasin et l'acheteur s'en va enchanté. Le bonhomme ne s'est pas méfié de l'habileté normande.

Partout le provincial ou l'étranger s'offrent à lui; son tailleur est Belge, son marchand de meubles est Allemand; les ouvriers qui creusent d'éternelles tranchées devant sa porte sont Bretons ou Piémontais et le chimiste qui fabrique son vin au coin de la rue est de Cette. Enfin renonçant à trouver lui-même un Parisien authentique, de type et de race, né à Paris, y ayant été élevé et y ayant toujours vécu, le voyageur s'adresse aux gens bien renseignés. On lui promet de lui en faire voir un, un soir de première. On n'aura que l'embarras du choix, puisque tout Paris y sera. On lui tient parole et on lui montre un de nos plus illustres membres de l'Académie française dont le grand-père était mulâtre.

DE MONTMARTRE A MONTROUGE

I

QU'EST-CE QU'UN PARISIEN

Qu'est-ce qu'un Parisien ? Le dictionnaire répond : un habitant de Paris, ou bien attribue cette qualification à celui qui y est né. Ces définitions, bonnes partout ailleurs, sont inexactes ici. Il est évident que les Marseillais, les Bordelais ou les Lillois sont les gens de Marseille, de Bordeaux ou de Lille. Ils ont l'esprit local, les mœurs et les habitudes spéciales de leur pays. Paris, lui, n'est pas un pays, sa population vient de partout. Chacun y apporte ses idées, puis, peu à peu, une sélection s'opère : les uns, réfractaires à tout changement, conservent leur caractère propre et s'y enferment d'autant plus qu'ils se heurtent à chaque pas à d'autres caractères complètement différents du leur. Ceux-là ne deviennent jamais Parisiens. D'autres, tout en gardant ce que leur race a d'original, s'affinent peu à peu ; ils comparent leur manière d'être à celle de leurs voisins, rejettent les préjugés qu'ils traînaient avec eux et s'assimilent ce qu'il y a de sain et de juste chez leurs concitoyens de hasard. Ils y joignent bientôt un lustre que leur donne le commerce journalier avec l'art, les lettres ou les sciences. Ils savent alors apprécier le beau et le bien, l'aiment et le recherchent sous toutes ses formes. C'est parmi eux que se recrutent nos littérateurs, nos artistes, nos savants, les grands industriels, les ouvriers qui produisent ces riens exquis et inimitables qu'on appelle l'article de Paris. Ce sont les vrais Parisiens.

Il y a enfin une troisième catégorie, nombreuse peut-être, peu intelligente à coup sûr, c'est celle des faux Parisiens. Le faux Parisien est facile à reconnaître. S'il est né dans l'intérieur de l'enceinte, rien n'existe pour lui au delà des fortifications, il appelle les grandes villes de province « la campagne », leurs habitants, des paysans. Son quartier, bien entendu, est le premier de Paris ; son métier, sa profession ou son oisiveté sont les seules occupations qui conviennent à un Parisien. S'il est originaire des départements ou de l'étranger, en mettant le pied sur le sol de la Capitale — il dit la Capitale — il a jeté par-dessus le bord tout ce qui le rattachait à son pays. Il déplore l'existence stupide de ceux qui sont obligés d'y vivre. Il ne les connaît plus que pour les écraser de sa supériorité ; il veut oublier jusqu'au patois de son village ; il croit même qu'il a perdu son accent.

On conte dans le Cotentin une anecdote à ce sujet qui à force d'être répétée est devenue une légende : Un brave homme de jardinier avait fait donner à son fils une bonne instruction primaire. Dans ce temps-là l'enseignement n'était pas développé comme aujourd'hui, et c'était quelque chose, lorsqu'on n'était pas riche, de savoir lire, écrire sans user d'une orthographe par trop phonétique et faire convenablement les quatre règles.

Donc voilà notre jeune homme, pourvu d'un bagage d'études suffisant pour devenir un monsieur. Il part pour Paris, un ami de sa famille le place dans une maison de nouveautés; il s'y ennuie d'abord un peu parce que cela n'a rien de bien agréable de rester douze heures debout derrière un comptoir à débiter de la marchandise à des gens qui ne savent pas toujours ce qu'ils veulent, qui souvent ne sont pas aimables et avec lesquels néanmoins l'employé doit rester gracieux et poli. Malgré cela, l'habitude aidant, le nouveau calicot se fit bientôt à son métier et, comme il était laborieux, il arriva rapidement à gagner convenablement sa vie. Tout ce qu'il pouvait mettre de côté passait à sa toilette. Lui, qui jusqu'à l'âge de quinze ans n'avait mis un paletot et des souliers que les dimanches et jours de fêtes carillonnées, il se plaisait à contempler ses superbes pantalons à grands carreaux noirs et blancs, à sous-pieds, s'il vous plaît, et ses vestons si courts que les poches étaient à peine assez profondes pour contenir son mouchoir. Le petit paysan s'était transformé en un véritable gandin. — Ceci ce passait il y a longtemps, les modes ont changé et on ne dit plus un gandin. — La seule chose qu'il n'avait jamais pu apprendre, c'était à tenir un carreau collé dans son œil. Il sentait bien que cela lui manquait, mais on ne peut pas tout avoir.

Il avait mis son esprit sur le même pied que son costume et présentait parfaitement le type du faux Parisien, de province.

Un jour cependant il se dit qu'il était suffisamment métamorphosé pour aller éblouir ses concitoyens. Il arrive au village, va embrasser son père, et descend au jardin, où son frère travaillait. Il aperçoit à terre un instrument formé d'une pièce de bois longue d'environ un pied, garnie de longues dents en fer et emmanchée au bout d'un bâton; l'outil gisait dans une allée, le bois en dessous.

— Qu'est que c'est que cela? demande le monsieur.

— Pile li sur sur les dents, tu vas bi vê (marche lui sur les dents, tu vas bien voir)! répond l'ouvrier.

L'autre suit l'avis, la pression porte à faux, la chose se redresse et le manche vient appliquer un vigoureux coup de trique sur la figure de l'imprudent qui s'écrie :

— Animal de rateau.

— Paraît qu'il t'a dit son nom?

L'histoire circula, on rit de celui qui en avait été le héros et, comme au fond, ce n'était pas un imbécile, il se corrigea, dit-on, de son ignorance affectée pour les objets au milieu desquels il avait passé son enfance.

Le faux Parisien mêle à sa conversation des expressions d'argot qu'il emploie à tort et à travers sans les comprendre, convaincu qu'il parle le plus pur de la langue française. Lorsqu'il va dans son pays il pontifie et s'admire pendant qu'on se moque de lui. Jamais il n'a visité aucun musée, il ne lit rien, sauf son journal; à quoi bon? Il est Parisien, cela suffit.

Ce sont les inepties et les emballements sans raison de ces tristes personnages que souvent à l'extérieur on prend pour l'esprit parisien, dont ils sont au contraire l'absolue antithèse. Les ennemis de Paris s'en emparent et les présentent comme le produit naturel du terroir.

Les ennemis de Paris? Paris a donc des ennemis? Il en a; ils sont nombreux. A l'étranger, la haine de Paris se confond avec celle de la France chez les nations qui nous sont hostiles. En province, au contraire, il a ses détracteurs spéciaux qui lui réservent tous leurs anathèmes, les uns parce qu'ils ne le comprennent pas, les autres parce qu'ils l'envient ou qu'il les a rejetés.

On ne fera jamais entrer dans la tête d'un grave bourgeois départemental que la science puisse se passer de pédanterie, une haute situation, de morgue, que les artistes et les journalistes soient d'honnêtes pères de famille, que, parmi les gens qui n'ont pas le sou, il y en ait d'honorables, ni surtout qu'on les respecte lorsqu'ils ont créé une œuvre belle ou utile, presqu'autant qu'un ancien huissier qui a fait fortune. Or on trouve tout cela à Paris, c'est donc que les conditions de la vie y sont bouleversées, que les traditions, les usages — ses traditions, ses usages à lui, — y sont bafouées? Et, de bonne foi, il déplore l'aberration des modernes Babyloniens.

Les envieux sont moins sincères. C'est pour eux l'éternel : « Ils sont trop verts ». La coquette de province envie la Parisienne dont l'allure l'écrase; elle a cependant les mêmes étoffes, la même coupe de robe, les mêmes chapeaux. Malgré cela, il y a un petit quelque chose dans sa toilette qu'elle ne peut attraper; elle a beau faire, beau payer, elle reste lourde, sans grâce ou excentrique à côté de cette femme charmante, souvent moins jolie qu'elle, et pour laquelle cependant on la délaisse. Dans le monde, la Parisienne n'est pas prude, elle n'a pas peur des idées, pourvu que les mots les parent avec délicatesse; elle ne rougit pas pour un propos un peu leste, s'il est gentiment débité et suffisamment enveloppé d'une gaze chatoyante. Mais aussi, comme d'un regard, d'un geste, elle sait remettre à sa place l'impertinent qui vis-à-vis d'elle, a même l'intention d'une grossièreté ! La provinciale n'a pas ce tact; elle est prude à l'excès ou tolère devant elle des conversations de corps de garde. Elle sent son infériorité et ne peut s'en défaire; elle en souffre d'autant plus qu'elle croit que si elle était venue jeune à Paris, et si elle y avait vécu dans un milieu convenable, elle serait devenue pareille à celle qu'elle envie. En général, elle a raison sur ce point ; les femmes s'assimilent beaucoup plus facilement que les hommes l'esprit parisien. En attendant, comme la supériorité de sa rivale l'écrase, elle la déteste.

Du côté masculin, c'est autre chose. Tous ceux qui ont rêvé de Paris pour y jouer un rôle, y faire fortune, y briller, et que les circonstances ont empêché d'y aller, le rendent responsable de leur ambition inassouvie, alors que souvent ils devraient remercier le sort qui leur a permis de conserver des illusions sur leur propre valeur.

Mais ceux chez lesquels la haine de Paris est le plus fortement enracinée, ce sont les vaincus de la grande bataille pour la place au soleil, qui s'y livre sans interruption. Sans énergie, sans volonté ferme, sans force de travail suffisante, ils se sont lancés dans la mêlée où ils ont été abattus et piétinés; meurtris, ils sont rentrés chez eux. Ils ne se disent pas qu'ils n'étaient pas assez armés pour la lutte dans cette gigantesque bousculade où chacun ne pense qu'à soi, où les amis ne viennent qu'au moment où le succès commence à se décider et disparaissent avec les premiers symptômes de la défaite. Ils croient à l'injustice de tous, voient des coteries, des partis-pris, ou bien une malechance invincible, là où il n'y a eu, le plus souvent, que faiblesse ou défaut de conduite. Aussi embrassent-ils, dans un même amour, tout ce qui peut nuire à Paris.

Ils s'y appliquent d'ailleurs eux-mêmes de tout leur pouvoir : « C'est une ville inhabitable. On n'y peut sortir le soir sans courir le risque d'être assassiné ; si l'on s'absente de chez soi, les cambrioleurs dévalisent l'appartement ; tout ce qu'on y boit et qu'on y mange est sophistiqué ; on y est empoisonné par les aliments (1) ; l'air est chargé de miasmes qui tuent lentement, mais sûrement. » S'ils sont religieux : « L'athéisme et la corruption sont tels qu'on ne peut entrer dans une église sans être conspué ». S'ils sont libres penseurs : « Les jésuites dominent en maîtres absolus et ils n'y a que leurs protégés qui parviennent à faire leur chemin ».

Heureusement que Paris attire et retient ceux qui savent le comprendre et qu'ils n'ont besoin, pour le défendre, que de le montrer tel qu'il est.

(1) Cette opinion sur les denrées consommées à Paris est enracinée a ce point dans certaines contrées, qu'une dame qui avait envoyé sa famille visiter l'Exposition de 1878, lui adressait tous les jours sa nourriture. On avait eu la précaution de faire parvenir d'avance à l'hôtel où les chambres avaient été retenues, un petit fût de vin du cru. (*Rigoureusement authentique.*)

II

COMMENT ON DEVIENT PARISIEN

On vient à Paris pour s'instruire, pour y exercer un métier ou une fonction, s'y faire un nom ou une fortune ; pour s'y cacher.

De tous les établissements d'enseignement supérieur, l'École des Beaux-Arts est peut-être le seul qui forme des Parisiens. Les jeunes gens que la province y envoie sont des hommes remarquablement doués et presque tous arrivent avec le désir de rester au milieu des richesses artistiques de toutes sortes accumulées dans nos musées, sur la façade de nos monuments, dans nos jardins, nos squares et nos places publiques, richesses qu'ils espèrent un jour augmenter par leurs travaux. Pour l'art, en effet, la comparaison constante de ce que l'on produit avec les chefs-d'œuvres anciens et modernes est indispensable ; les défauts mêmes et les ridicules de certaines prétendues écoles sont utiles au peintre, au sculpteur, à l'architecte. Ils lui montrent dans quel style baroque et faux l'on peut tomber lorsqu'on dédaigne les grands principes de la ligne et de la couleur, tels que les maîtres les ont enseignés et appliqués. Si le génie est rare, en revanche beaucoup d'élèves des Beaux-Arts deviennent des artistes de talent et contribuent à maintenir la suprématie de Paris dans l'art pur ou dans l'art industriel. — Ici, une parenthèse : on ne peut se dispenser d'employer ces expressions : art pur, art industriel, puisqu'elles servent à désigner deux choses qu'on s'est habitué à considérer comme séparées; cependant cette séparation est arbitraire; l'art, quelle que soit son application, est toujours la recherche du beau et du vrai. Quelle différence y a-t-il entre un tableau et un panneau décoratif également bien conçus et également bien exécutés? Un paysage, une figure, une composition, ne sont-ils pas toujours un paysage, une figure, une composition? Une sculpture a-t-elle moins de valeur parce qu'elle se trouve sur un buffet au lieu d'être placée sur le piédestal d'une statue? Il n'y a pas d'art pur, il n'y a pas d'art industriel, il y a l'art. Une œuvre est bonne ou elle est mauvaise; le but que s'est proposé son auteur en la créant, n'y fait rien.

C'est, du reste, en travaillant pour l'industrie que beaucoup d'artistes vivent en attendant que leurs tableaux se vendent. Voici l'histoire d'un peintre mort il y a peu de temps, et dont les œuvres se payent aujourd'hui à un prix tel que seuls les financiers et les Américains peuvent se les offrir. Il avait, comme tant d'autres, barbouillé les murs de bonshommes, illustré ses cahiers et déclaré à sa famille, qui voulait le faire entrer dans les contributions indirectes, qu'il serait peintre. Il y avait par hasard, dans sa petite ville, un excellent maître, ancien élève de Paul Delaroche, qui avait su conserver son talent, tout en enseignant aux collégiens à faire des nez et des oreilles. Il s'intéressa au futur artiste, si bien que celui-ci parvint à entrer à l'École des Beaux-Arts. C'était beaucoup, ce n'était pas tout; ses parents ne pouvaient rien lui donner, le conseil municipal de sa localité ne lui avait accordé aucune bourse; de sorte qu'il arriva à Paris, non pas en gros sabots, mais probablement avec des souliers percés, et assurément sans le sou. Heureusement qu'un de ses compatriotes lui procura de suite de l'ouvrage; pour 80 francs par mois, le jeune homme fut chargé de rédiger et d'illustrer les prospectus, les annonces et les affiches d'un pharmacien qui venait d'inventer une poudre surprenante. Cela dura trois ans, pendant lesquels il vécut avec 960 francs par an, et quelques aubaines qu'il appelait son budget extraordinaire et qui, comme telles, lui servaient aux dépenses de premier établissement, d'un pantalon ou de six paires de chaussettes.

Vint le moment du tirage au sort; on était encore sous l'empire de l'ancienne législation : ceux qui avaient un mauvais numéro étaient soldats pour sept ans; en revanche, ils avaient la faculté de se racheter, et alors ils étaient complètement libérés de tout service militaire; c'est-à-dire que les pauvres seuls passaient par le régiment et que les riches pouvaient, moyennant finance, envoyer un remplaçant se faire tuer pour eux. A cette époque, du reste, des expéditions plus ou moins lointaines n'avaient aucun caractère national; la sécurité de la patrie n'était pas en jeu, on le croyait du moins, et personne ne considérait comme un devoir de se battre pour soutenir la politique du souverain.

Quitter pour sept ans ses études, c'était en perdre tout le fruit, abandonner la carrière artistique, renoncer aux plus chères espérances. X... se désolait, lorsqu'un marchand de tableaux très habile, qui avait deviné un maître dans le rapin de vingt ans, monta à son grenier de la rue de l'Abbaye et lui dit à peu près ceci :

« Mon ami, j'aime la jeunesse, je suis un père pour les débutants, vous êtes sans ressources, si vous êtes pris, votre avenir est perdu. J'ai confiance en vous, engagez-vous à me livrer pendant dix ans toutes vos productions je vous les paierai à raison de 200 francs la toile de 4, 400 francs la toile de 8 et 600 francs la toile de 12. Je m'arrête à cette grandeur, parce que je crois que les petits tableaux conviennent plutôt à votre genre de talent. Il est bien entendu que c'est une sorte d'assurance que vous contractez et que, si vous avez un bon numéro, le marché tiendra tout de même. Vous ferez dans tous les cas une bonne affaire puisque je vous assure un débouché pour vos travaux. Voilà un petit papier où j'ai écrit nos conventions, vous n'avez qu'à signer. »  Le malheureux signa. Huit jours après il tirait l'avant dernier numéro de son arrondissement. Il avait aliéné pour rien ses dix plus belles années.

D'autres auraient peut-être essayé de rompre le contrat, il ne le voulut pas, il essaya de se démontrer que le marchand lui avait rendu service, qu'il avait risqué deux mille francs. Il se tint en un mot les raisonnements à l'aide desquels les honnêtes gens se persuadent qu'ils doivent se laisser duper par les autres.

Cependant, peu à peu, il se faisait connaître. Ses tableaux, d'abord appréciés seulement de quelques amateurs éclairés, furent prisés par le gros public. Le brocanteur qui en avait le monopole et qui, dès le début, avait gagné sur eux 50 pour 100, réalisait des bénéfices énormes. Il venait de vendre 18,000 francs une toile payée au mètre 600 francs, lorsque le marché expira. Il osa proposer à l'artiste de le renouveler en lui offrant des conditions plus avantageuses. Celui-ci le remercia. Pour le forcer à revenir à lui, le marchand entreprit une campagne de dénigrement sous toutes les formes ; il y eu des articles de journaux discutant son talent, des tableaux mis en vente à l'hôtel Drouot, pour lesquels on ne trouvait pas preneur à 500 francs. Rien n'y fit, cette fois il était trop tard, le maître s'était affirmé. Il avait déjà la réputation, la fortune suivit rapidement.

Le reste de sa vie est sans intérêt, c'est celle d'un homme de bien et d'un grand artiste.

Depuis qu'il est célèbre, tous les jeunes gens de sa ville natale ont rêvé qu'ils avaient en eux l'étoffe d'un Titien, et c'est en soupirant qu'ils deviennent épiciers, notaires ou rien du tout, quand leurs moyens le leur permettent. Le traitement du nouveau professeur de dessin du collège communal a été porté de 1,500 à 1,800 francs.

Voulez-vous encore un exemple? Il s'agit cette fois d'un sculpteur. Il était entré à l'École des Beaux-Arts ; sa famille, grâce à la situation du père pouvait l'y entretenir ; le père mourut, il fallut gagner sa vie. L'artiste dut quitter l'école pour entrer chez un tapissier où il sculptait des buffets et des dossiers de chaises. A vingt-cinq ans, il rencontra la fille d'un riche négociant; celui-ci, homme intelligent et éclairé, n'hésita pas à la lui donner malgré la différence de fortune. On fonda une maison de commerce où les nouveaux époux eurent bientôt une belle clientèle.

La jeune femme, très distinguée, d'un esprit ouvert, comprit que son mari regrettait toujours son ébauchoir. Elle le poussa à le reprendre et on vit cet homme approchant de la trentaine retourner en élève dans les ateliers. Bientôt il rattrappa le temps perdu et put se livrer tout entier à l'art.

Comme il est vivant, il n'est pas possible de préciser davantage.

Aujourd'hui il est connu, demain il sera célèbre.

On n'en finirait pas si on voulait montrer tous les artistes auxquels l'industrie a permis, dans les temps difficiles, d'attendre des jours meilleurs.

Personne n'a l'aspect moins Parisien que ces jeunes vieux à lunettes que reçoit chaque année l'École normale supérieure. La plupart d'entre eux cependant, après avoir accompli quelques années de professorat dans les lycées des départements reviennent à Paris, où bientôt ils deviennent des écrivains et des journalistes distingués.

L'École Saint-Cyr forme des officiers qui ne verront plus Paris qu'en passant.

L'École polytechnique façonne le cerveau de ses élèves sur un type toujours identique, aussi se confinent-ils volontiers dans la science, telle qu'on la leur a enseignée. Quelle que soit la carrière qu'ils embrassent et le milieu dans lequel ils sont appelés à vivre, ils restent anciens élèves de l'École polytechnique. Cela leur suffit.

De l'École centrale sortent chaque année de hardis ingénieurs, des chefs d'industrie, qui se répandent dans le monde entier. Paris n'en garde guère.

Ces trois grandes Écoles fournissent donc, sauf quelques individualités supérieures, peu de Parisiens.

Que de fois n'a-t-on pas entendu dire en province : « Un tel, il a fait son droit, ou sa médecine à Paris, il est tout à fait Parisien ». C'est une erreur. Les étudiants des facultés vivent entre eux par pays d'origine, sans se mêler les uns aux autres. Entrez dans un café du quartier Latin, vous entendrez le patois provençal, l'accent normand ou le langage sans tonalité du Tourangeau, mais jamais autour d'une même table, rarement dans le même établissement. Les travailleurs vont du cours au restaurant, et du restaurant chez eux. Les paresseux vont du café au restaurant, et du restaurant au café. Qu'on les rencontre à Bullier ou au Moulin-Rouge, ils sont toujours par bandes de compatriotes. Ils ne fréquentent pas les étudiants de Paris, qui vivent dans leurs familles et ont peu de chose du caractère propre à la population des Écoles. Quelques jeunes gens riches plus assidus aux courses qu'à la faculté, habitent sur la rive droite et s'efforcent de devenir des gommeux ; ils y réussissent souvent. Mais cela ne dure pas ; lorsqu'ils ont fait suffisamment de dettes, leurs parents les forcent à rentrer au bercail où ils se marient, deviennent graves, ne s'occupent à rien, et regardent d'un œil méprisant les infortunés qui n'ont pas fait leur droit à Paris. Parmi les étudiants qui étudient, quelques-uns se fixent à Paris, et les plus intelligents deviennent Parisiens ; la masse s'en retourne en province, avec son diplôme, sans avoir soupçonné Paris.

Il convient de mettre à part les élèves des facultés des sciences et des lettres. Sans fortune pour la plupart, ils n'ont qu'un but : se créer une situation qui leur permette de vivre honorablement. Cependant tous ne restent pas, une fois licenciés, chargés de cours dans un collège ou dans un petit lycée. Beaucoup finissent par conquérir l'agrégation, reviennent à Paris, et s'y font une place à côté de leurs collègues les anciens élèves de l'École normale. Tant il est vrai que le grand facteur de la réussite, c'est le travail. La chance, les circonstances favorables se font plus ou moins attendre, les appuis sont plus ou moins puissants, c'est une question de temps, le laborieux finit toujours par percer.

On ne doit considérer, comme faisant définitivement partie de la population parisienne, ni les militaires que les changements de garnison déplacent à chaque instant, ni les fonctionnaires que les fluctuations de leur carrière appellent aujourd'hui à Paris, demain à l'autre bout de la France. A plus forte raison les sénateurs et les députés des départements, par la nature même de leur mandat, restent-ils des passants. Ceci, toutefois, est plus théorique que réel, car un assez grand nombre de membres du Parlement ont à Paris leur installation et leurs habitudes, se sont illustrés dans les lettres ou les sciences, et sont des Parisiens complets, mais ils le sont quoique et non parce que.

La magistrature, les administrations centrales des ministères, des préfectures de la Seine et de Police sont bien parisiennes. Chaque jour paraissent des ouvrages très appréciés, romans, études de mœurs, travaux d'économie politique ou sociale, dont les auteurs siègent au Tribunal de la Seine, à la Cour d'Appel ou à la Cour de

Cassation. Quant aux ministères et aux deux préfectures, la moitié, au moins, des hommes de lettres de notre époque, y a appartenu ou en fait encore partie. Tel désopilant vaudevilliste à la verve inépuisable est un grave chef de bureau, dont les occupations officielles n'ont rien de commun avec la gaieté ou la littérature.

Les travailleurs manuels viennent à Paris, parce qu'ils y trouvent momentanément à gagner leur vie, parce que leur métier y est mieux rémunéré qu'en province et qu'ils ont plus de 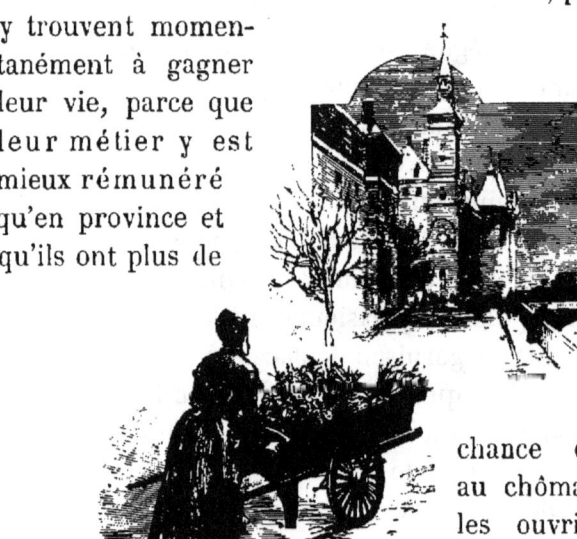 chance d'échapper au chômage. Enfin les ouvriers d'art, ceux qui font le bibelot, tout ce qui demande une aptitude spéciale à saisir rapidement la mode ou un goût raffiné qui la crée sont à peu près sans exception nés à Paris ou y ont été élevés dès leur première enfance. Les garçons de bureau, garçons de magasin, garçons de recettes, ce personnel secondaire de l'administration et du commerce se recrutent un peu partout. Il est rare qu'ils sortent de leur situation modeste, mais le plus souvent ils donnent à leurs enfants des positions supérieures à la leur.

Il est malaisé dans une ville de province de faire valoir son talent lorsque ce talent sort de la moyenne. Les jeunes gens qui se croient « quelque chose là » le sentent parfaitement, aussi s'empressent-ils de venir à Paris. S'ils ont quelques ressources, ils s'adonnent tout entiers à leur vocation ; s'ils sont pauvres, ils embrassent un métier ou une profession qui leur fournit le pain quotidien, en attendant qu'ils se soient fait un nom. Aussitôt qu'ils le peuvent, ils s'empressent de quitter leur emploi. Tous ne réussissent pas, les uns parce qu'ils se sont trompés sur leur valeur, les autres parce qu'il leur manque le savoir-faire nécessaire pour attirer le public ou la persévérance que rien ne rebute. L'existence de ces ratés est triste : le dégoût, la désespérance des échecs répétés s'emparent d'eux ; ils finissent par tomber dans une misère d'autant plus terrible qu'elle n'est pas franchement acceptée. L'amour-propre les retient et les empêche de retourner dans leur village. Ceux qui sont de Paris abandonnent souvent leurs idées de gloire, prennent sérieusement une occupation prosaïque et deviennent de bons bourgeois, gardant toutefois au fond du cœur un peu de jalousie pour leurs concurrents plus heureux dont ils voient les ouvrages dans la vitrine des libraires ou les tableaux au Salon.

Bons bourgeois aussi sont ces petits commerçants dont les affaires souvent très lucratives, malgré l'apparence modeste du magasin, absorbent toutes les pensées. Gagner de l'argent, établir leurs enfants et se retirer à la campagne après fortune faite : tel est leur unique but, leur seul idéal.

Dans le haut commerce, en revanche, on rencontre beaucoup d'esprits éclairés, d'hommes à larges vues, auxquels rien de ce qui élève et instruit ne reste étranger.

On vient à Paris afin de se cacher. Ce motif paraît peu honorable pour ceux dont il a décidé l'incorporation à la grande cité. Cependant il ne faut pas se hâter de généraliser. On ne se cache pas seulement parce qu'on a commis une mauvaise action, on se cache aussi parce qu'on a été malheureux, parce qu'on a perdu une brillante situation et que, déchu, on ne veut pas rester sous les yeux de ceux dont on était connu au temps de sa splendeur.

La province est impitoyable pour celui qui tombe, plus la chute est cruelle, moins elle ménage ses sarcasmes et son mépris. Voici un homme que tout le monde saluait jusqu'à terre; on se poussait pour lui faire cortège; on vantait sa bienveillance, sa sagesse, le bon renom de sa maison, la tenue correcte de ses domestiques; sa femme était un modèle de vertu, ses enfants, des phénomènes de beauté et d'éducation. Il perd sa fortune; aussitôt on n'a plus assez de pavés pour lui jeter; ses familiers l'abandonnent et le conspuent un peu plus fort que les autres pour montrer leur indépendance. « Sa femme n'est qu'une orgueilleuse qui ne vaut pas cher, — si on voulait dire ce que l'on sait. — C'est un dépensier, un joueur, il n'a jamais eu ni moralité ni tenue, ses enfants sont scrofuleux et idiots ». Résister est impossible, le mieux est de disparaître, de tenter de se reconquérir. Si l'on réussit, on peut rentrer la tête haute au pays, les compatriotes seront un peu plus flatteurs qu'auparavant et leur échine se courbera de plusieurs degrés plus bas.

Le commerçant honnête qu'une crise a forcé de déposer son bilan, vient à Paris pour tenter, loin des criailleries de ses créanciers, de rétablir ses affaires et de se réhabiliter. Le fonctionnaire dont une sotte histoire de famille, une médisance ou une calomnie ont compromis la position dans un chef-lieu d'arrondissement, demande son changement pour Paris. S'il l'obtient, il est sauvé. Dans les administrations parisiennes, en effet, l'homme est apprécié en raison de son travail et de ses qualités professionnelles. On ne lui refuse pas un avancement mérité parce qu'il est malheureux en ménage, ou que son fils fait des dettes. — Qu'on ne prenne pas ceci pour une critique des errements de l'administration dans les départements. Tout ce qui, de près ou de loin, représente l'État, c'est-à-dire l'autorité, depuis le préfet jusqu'au plus modeste surnuméraire des postes, doit imposer le respect. Or, lorsqu'une population d'oisifs a sans cesse les yeux sur un homme, il ne suffit pas qu'il soit honorable, il est indispensable que son entourage soit lui-même à l'abri de la méchanceté la plus clairvoyante et de l'inquisition la plus perfectionnée. C'est donc un intérêt supérieur qui oblige ses chefs à tenir compte de circonstances, dont il ne saurait être légitimement responsable, mais qui lui enlèvent le prestige moral qui lui est nécessaire pour remplir convenablement sa fonction.

À côté de ces immigrés dignes d'être encouragés et soutenus dans leurs efforts, chaque jour amène un flot de déclassés de toutes sortes, condamnés libérés et prêts à recommencer, officiers ministériels obligés de vendre leur charge parce qu'ils ont côtoyé de trop près le Code pénal, débiteurs insolvables qui se sont fait livrer des marchandises ou ont emprunté jusqu'à épuisement de leur crédit, sachant qu'ils ne seraient jamais en mesure de payer, employés chassés par leurs patrons pour indélicatesse, fonctionnaires révoqués pour malversations, en général, tout ce qui a une tare impossible à dissimuler ailleurs que dans une ville immense. Parmi les condamnés libérés, quelques-uns tentent de rentrer dans la vie honnête et y parviennent, ce qui aurait été pour eux irréalisable dans leur pays où leur condamnation connue leur aurait fermé toutes les portes. Le reste n'est qu'un lot de candidats à la police correctionnelle ou à la cour d'assises.

Cette tourbe que la province jette dans les bas-fonds de la société parisienne, elle la lui reproche et invoque ses méfaits pour soutenir que Paris est essentiellement corrompu. La criminalité est plus considérable dans le département de la Seine que partout ailleurs en France, cela est vrai; mais si l'on se donnait la peine de consulter attentivement les statistiques, on verrait que la grande majorité des malfaiteurs d'un certain âge se compose de récidivistes qui ont débuté dans leurs départements d'origine et sont venus à Paris parce qu'ils ont cru pouvoir y opérer plus à leur aise et sur une plus vaste échelle. Les jeunes sont, en général, Parisiens et débutent de bonne heure, mais ce sont les dignes fils de leurs pères et, en définitive, si ceux-ci étaient restés dans leur pays natal, ceux-là n'auraient pas encombré le pavé de Paris.

En somme de tous les points du territoire, les esprits d'élite, les travailleurs accourent à Paris. La province le proclame et s'en glorifie; elle a raison. Elle doit, par contre, reconnaître qu'elle y envoie ce qu'elle a de pire, avec ce qu'elle a de meilleur. C'est elle qui l'alimente pour le mal, comme pour le bien.

III

LA GENÈSE DU PARISIEN

Certains végétaux transportés des contrées, où ils poussent naturellement, dans un autre climat, donnent, par la culture, des produits magnifiques, mais leur graine épuise bientôt sa force germinative et, au bout de deux ou trois générations, il est nécessaire, pour maintenir l'espèce, de recourir de nouveau à la plante sauvage. Il en est de même de l'homme, à Paris. L'esprit y subit, pour ainsi dire sans s'en apercevoir, une culture intensive, il s'affine, se perfectionne, mais c'est aux dépens de sa substance même. Au point de vue physique, le corps est également surmené ; diverses causes parfaitement connues des physiologistes appauvrissent le sang, la névrose apparaît et se développe sans qu'aucun remède puisse la vaincre. On a évidemment abusé de ce mot « névrose » ; bien que fréquente, elle est loin d'être générale, si on entend par là une maladie caractérisée, mais si cette expression signifie un éréthisme permanent du système nerveux, il est peu de personnes qui y échappent. Il résulte de cette constatation que l'individu s'use à Paris, et que si des croisements avec les fortes races des campagnes ne viennent pas rendre à la famille une vigueur qui s'épuise, elle ne tarde pas à déchoir et à s'éteindre.

Le provincial, qui vient à Paris pour y mettre en

œuvre les qualités qu'il sent en lui, est bien préparé pour s'y placer dans un rang honorable, il a la volonté et le talent. Tout en s'appropriant rapidement les idées du milieu dans lequel il vit, il sait les trier, rejeter les

mauvaises et faire son profit des bonnes. Conservant un esprit sain et un corps sain, il travaille et produit. En outre, il n'a pas complètement rompu avec son pays, il y a laissé des amis, des relations auxquels viennent s'ajouter bientôt les clients qui sollicitent sa protection lorsqu'il a conquis une influence quelconque. Jamais d'ailleurs ils ne se débarrasse tout à fait d'une certaine manière d'être d'origine. Il garde son accent. Quelque Parisien qu'il soit, il reste en même temps Provençal ou Gascon, Savoyard ou Auvergnat. A plus forte raison en est-il de même chez les modestes qui n'ont eu d'autre but en quittant le foyer paternel que de trouver un travail suffisamment remunérateur.

Jusqu'ici l'homme seul a paru, il est temps de montrer sa descendance. Les enfants amenés avec le père étaient très jeunes, d'autres sont nés à Paris, c'est à Paris qu'ils font leurs études, c'est l'esprit parisien qui les forme. Les facultés sont peu parisiennes, il est vrai, (il s'agit des étudiants et non des professeurs), mais il n'en est pas de même des écoles d'un ordre moins élevé et des lycées; les jeunes gens s'y intéressent au mouvement intellectuel et se tiennent au courant de tout ce qui se dit et s'écrit. Or, si au point de vue moral, le rôle des parents est prépondérant, bien que leurs exemples ne soient pas toujours suivis au point de vue intellectuel, c'est la fréquentation journalière des condisciples, plus même que l'enseignement des maîtres, qui inspire les pensées des élèves et les dirige dans un sens ou dans un autre. Il suffit de trois ou quatre mauvaises têtes et d'un peu de faiblesse dans la discipline pour que toute une classe se conduise mal. Au contraire, la présence de quelques travailleurs entraîne souvent l'ensemble dans une bonne voie.

Pendant les vacances on est allé au pays natal du père ou de la mère, on y a vécu deux mois, plus tard les visites continueront, de plus en plus rares, il est vrai, mais assez rapprochées pour maintenir le lien.

Il se produit dans le cerveau du fils un travail analogue à celui qui s'est opéré dans celui de ses ascendants, mais en sens inverse. Parisien, il a vu la province, il y a trouvé des idées autres que les siennes, il les a comparées, pesées et il en pris ce qui lui en a paru bon à retenir. C'est cette seconde génération qui constitue le véritable noyau intelligent de Paris, elle voit juste, aime les lettres, les arts, se passionne pour les découvertes de la science, mais sachant que là-bas, dans un quelque part éloigné, vivent des gens honnêtes et sensés qui ne pensent pas comme elle, elle ne croit pas à son infaillibilité; elle a conscience de ce qu'elle vaut, mais elle n'ignore pas qu'elle vaut seulement par ce qu'elle a appris et apprend chaque jour.

Après la troisième génération la famille a donné son effort; ses membres l'ont illustrée ou enrichie. La situation ne change plus; pendant un certain temps on profite de la gloire acquise par l'ascendant ou de la fortune due à l'activité du fondateur de la maison de commerce. Survient alors, à un moment, plus ou moins éloigné, suivant la vigueur des auteurs et la force de résistance de leur race, une tendance à déchoir. L'esprit conserve encore toute son énergie, mais le corps est déjà moins robuste. Si on n'y prend garde, la famille va disparaître, soit que les unions contractées par ses membres, avec des conjoints placés dans les mêmes conditions d'hérédité restent stériles, soit que peu à peu la dégénérescence physique amène l'extinction, par l'impossibilité d'élever les enfants.

L'aisance, qui permet d'aller fréquemment respirer un air plus pur, d'éviter le surmenage qu'entraîne le labeur nécessaire au gain du pain quotidien, d'habiter des locaux sains et aérés et de réparer les pertes par une bonne nourriture, enraye le mal ou tout au moins ne lui laisse qu'une marche très lente. Malheureusement l'aisance est encore une exception. Il est bien rare à Paris, que les charges ne soient pas supérieures aux ressources, aussi bien chez les petits bourgeois que chez les ouvriers.

Si donc quelques familles parisiennes, choisissant leurs alliances dans d'autres familles également parisiennes, ont pu se conserver intactes, il faut en conclure qu'elles se sont trouvées dans des conditions privilégiées, qui leur ont permis de réagir contre l'action destructive d'une vie trop intense. Il n'en est pas moins vrai que le Parisien qui descend de parents et d'aïeuls parisiens fera sagement de s'unir à une jeune fille née et élevée en province, appartenant de préférence à la race à laquelle remonte son origine à lui-même. Ses enfants recevront de lui son esprit éclairé et brillant en même temps qu'ils tiendront de leur mère un tempérament solide. Nos parisiennes épouseront les fils nouveaux-venus. Ce serait trop leur demander d'accepter des maris destinés à rester dans une petite ville éloignée et morose où à peine une fois par an elles auraient l'occasion de se « sortir » au bal de la sous-préfecture.

IV

LES PARISIENS DE PARIS

Le Parisien de Paris n'a pas de type particulier. Descendant d'ancêtres venus de la province ou de l'étranger, on retrouve chez lui le caractère prédominant de sa race d'origine. Ces caractères sont beaucoup moins saillants lorsque de nombreux croisements se sont produits dans son ascendance. Dans ce cas, il présente à un plus haut degré les signes qui révèlent la transformation résultant de l'adaptation au milieu dans lequel il vit.

Tout d'abord, il faut se mettre en garde contre certaines allégations acceptées sans examen. C'est, par exemple, une erreur de considérer comme des figures purement parisiennes ces malheureux, hâves, émaciés, que l'on rencontre dans les faubourgs populeux ; ils portent la marque de la misère, rien de plus. Comme les effets physiologiques et moraux de la misère sont partout les mêmes, les sans-pain de tous les pays se ressemblent.

Cependant si les Parisiens de Paris n'accusent pas un type spécial, ils ont des allures et une façon d'être qui leur sont bien propres. Leur taille est moyenne, plutôt petite ; la couleur des cheveux varie entre le châtain foncé et le brun clair, le teint est pâle et mat. Le corps est plus souple que vigoureux et en général reste maigre ; toutefois, dans quelques professions, il y a une tendance à l'obésité. L'intelligence est vive, elle saisit rapidement. Le sentiment artistique est très sûr. C'est une banalité de parler du goût parisien. Il est bien rare que le Parisien de Paris se trompe sur la valeur d'une œuvre d'art. Il aime le théâtre et les fêtes. Il sait, lorsque cela lui plaît, donner

sa ville un aspect merveilleux, par son entente de la décoration.

Il veut du nouveau et délaisse facilement son enthousiasme de la veille pour celui du lendemain.

Il se croit sceptique, il ne l'est pas ; toutes les grandes idées, les actions généreuses émeuvent sa sensibilité. Il est courageux et se dévoue pour la cause qu'il défend. Soldat intrépide et débrouillard, il n'a pas son pareil en campagne pour trouver à manger et à se loger ; au feu, il est toujours le premier et aucune mission périlleuse ne l'effraye ; il se tire, du reste, du plus mauvais pas, grâce à son audace et à son sang-froid. S'il « blague » les grands mots, c'est qu'il n'ignore pas qu'il est rare qu'ils habillent de grandes choses. Il est souvent dupe de beaux parleurs qui lui promettent monts et merveilles, mais il finit toujours par les juger à leur juste valeur. Jamais on ne fait appel en vain à son cœur, dont il ne surveille pas toujours assez les élans. Aussi les professions d'exilé, d'ouvrier sans travail, de victime d'ennemis politiques sont-elles des plus lucratives. Celle de mendiant de la rue est même encore excellente, malgré le tort que lui ont fait des publications récentes.

Le Parisien de Paris a un accent très prononcé auquel se mêle quelques expressions locales. Cet accent ignoble dans les bas-fonds de la population, est au contraire très élégant et très fin dans la bouche des personnes bien élevées. Quant à l'argot, chaque métier a le sien, aussi bien à Paris qu'ailleurs ; celui que les romans ont popularisé n'a rien de commun avec le langage des honnêtes gens. C'est la langue des voleurs et, par conséquent, un argot 'e métier, comme les autres.

On trouve des Parisiens de Paris à tous les échelons de l'échelle sociale, mais c'est surtout dans les lettres et les arts qu'ils brillent. La grande majorité des artistes dramatiques célèbres est née à Paris ; ensuite viennent les écrivains. Les peintres, les savants et les philosophes sont plutôt originaires des départements.

Parmi les ouvriers, tout ce qui travaille dans le bâtiment, le terrassement, la voirie, dans les métiers qui exigent une dépense de force considérable et peu d'efforts d'intelligence, vient du dehors. Paris produit les façonniers de l'article qui porte son nom, les habilleuses de poupées, les modistes, les bijoutiers en fantaisie, en un mot, ceux dont la profession est moins du domaine de la vigueur physique que de l'imagination et du goût.

Un type qui disparaît. — L'apprenti.

De ce côté les ouvriers parisiens sont incomparables. Il y a quelques années, un général prussien contestait devant un de nos compatriotes leur faculté créatrice.

— Donnez-moi ce que vous voudrez, lui répondit le Français, et je m'engage à vous le faire transformer en un charmant bijou.

Le Teuton s'arracha un de ses rares cheveux et le lui remit en lui disant :

— Essayez avec cela.

Le cheveu fut immédiatement envoyé à Paris et voici comment il revint monté en épingle de cravate : au sommet de l'épingle était figurée l'aigle impériale allemande ; dans son bec était passé le cheveu, aux deux extrémités duquel pendaient d'un côté les armes de l'Alsace, de l'autre celles de la Lorraine ; au-dessous de l'aigle, sur une banderolle gracieusement déroulée, était gravée cette légende : « Elle ne les tient que par un cheveu. »

L'histoire ne dit pas si le général porte souvent son épingle.

Le Parisien né, adore la campagne, à condition de ne pas y rester longtemps ; en réalité, il n'aime qu'un pays : son Paris.

V

LES PARISIENS DE PROVINCE. — NORD-OUEST.
CENTRE-OUEST

L'Assemblée constituante, lorsqu'elle divisa la France en départements, eut pour but de briser l'esprit provincial; elle voulut empêcher les résistances qu'auraient pu opposer à la marche de la Révolution des unités territoriales basées sur une communauté de mœurs et fortement constituées. Elle prit donc une sage mesure. Le résultat cherché fut obtenu et, aujourd'hui, l'esprit particulariste n'existe plus nulle part en France, sauf dans quelques contrées du Midi, où il n'a jamais été complètement éteint. Mais il n'en est pas de même heureusement des idées et de l'originalité propres aux diverses races qui peuplent notre sol. Elles sont chez les plus énergiques et les mieux douées, restées bien vivantes. C'est de leur ensemble que se compose l'harmonie du caractère français.

Au point de vue parisien, on peut diviser les provinciaux en trois catégories : 1º ceux qui conservent toujours leurs habitudes et leur genre d'esprit; c'est ainsi, par exemple, que le Normand, l'Auvergnat, le Provençal restent toujours Normand, Auvergnat, Provençal; 2º d'autres, tout en ayant une personnalité très accentuée, la perdent rapidement en quittant le pays natal; tel est le

Breton ; 3° enfin, sur plusieurs parties du territoire, les croisements ont été si nombreux qu'on n'y trouve plus de race nettement accusée ; l'Ile-de-France et la Touraine sont dans ce cas.

La première province qui s'offre à l'examen, en partant du Nord, est la Flandre. Elle contient trois types distincts. D'abord l'ancien Flamand, blond, haut en couleur, grand, carré, vigoureux. C'est le descendant des hardis compagnons d'Arteweld. Solide buveur, batailleur facile à la querelle, il n'est cependant pas méchant, et sous son apparence violente, il a la bonté que donne la force. Son intelligence est moyenne.

Mieux doué que lui sous le rapport cérébral, mais moins sociable est son diminutif, petit homme aux yeux bleu clair, au teint frais, qu'on confond souvent avec le Belge-Wallon. Il est très susceptible, et comme il n'a pas à son service les robustes poings de son athlétique compatriote, il a souvent recours à d'autres moyens pour régler ses différends. On ne l'aime pas, à cause de cela, dans les ateliers. Enfin, à côté d'eux se placent des descendants, des Espagnols qui ont conservé, avec les cheveux noirs, la sveltesse de leurs ancêtres, et la vivacité de leur esprit.

Par une bizarrerie, que les ethnographes n'ont pas encore expliquée, le Flamand et l'Espagnol ont eu beau se croiser, jamais il n'y a eu de mélange des deux races, et partout, l'un des types, tantôt l'un, tantôt l'autre l'a emporté et a conservé toute sa pureté.

L'Artésien participe à la fois du Flamand et du Picard ; toutefois, au point de vue physique, il est plutôt Picard.

Pourquoi est-on habitué à considérer le Picard comme un niais ? Il suffit cependant de se rappeler son histoire, pour reconnaître qu'il fut le premier défenseur, en France, des libertés communales. C'est au prix de son sang qu'il a conquis ses franchises municipales et commencé le mouvement qui, peu à peu, s'étendit à tout le royaume. Aujourd'hui qu'il jouit en paix du fruit des luttes que ses ancêtres ont soutenues, il est doux et d'un commerce agréable. Peut-être est-ce pour cela qu'on ne

Chaumière flamande.

l'apprécie pas à sa juste valeur. C'est avec le bruit que l'on s'impose ; le Picard n'en fait plus.

Ces trois provinces ont, à Paris, de nombreux représentants répartis entre toutes les classes de la société.

Il n'y a rien à dire de l'Ile-de-France ; tous les peuples s'y sont tellement rencontrés, elle est si intimement liée à Paris, par un incessant échange d'hommes, qu'elle n'en est que la banlieue, sauf du côté de Soissons et de Laon, où se retrouve le caractère champenois.

Voici maintenant une race à part, mal connue, quoiqu'elle fournisse un des éléments les plus considérables de la population parisienne. Les Scandinaves du Danemark et du sud de la Suède et la Norvège ont répandu leurs colonies dans le monde entier. Ils ont découvert l'Amérique plusieurs siècles avant que Christophe Colomb ne la retrouvât, civilisé une partie de la Russie, conquis deux fois l'Angleterre, bien qu'en France on ne parle jamais que de l'expédition de Guillaume le Conquérant, oubliant les motifs ou les prétextes de cette expédition, fondé des royaumes en Sicile et en Palestine, et parcouru l'univers. Établis en Neustrie, ils en ont fait une des régions les plus riches de l'Europe. Leur type s'y est peu modifié et leur caractère n'a pas changé ; ils sont restés ce qu'ils étaient autrefois : intelligents, hardis, âpres au gain ; seulement, avec leur faculté d'adaptation aux circonstances, ils ont remplacé la force, seule façon d'acquérir, au moyen âge, par le commerce et le travail. La duplicité du Normand est proverbiale ; c'est une erreur à mettre avec la niaiserie du Picard. En Normandie, pays d'élevage, des transactions dont le total s'élève chaque année à plusieurs millions, s'opèrent dans les foires entre gens qui ne se sont jamais vus, sans écrit, sans autre garantie que la parole donnée. La marchandise n'est livrable que le soir ; l'acheteur et le vendeur ne se retrouveront pas dans l'intervalle. Eh ! bien le paysan le plus pauvre, qui a vendu son cheval, ira le conduire à l'endroit indiqué par l'acquéreur, quand même on lui en aurait offert, entre la vente et la livraison, un prix plus élevé. Le respect de la convention verbale est donc absolu. Mais, précisément à cause de cela, on comprend avec quelle réserve la parole s'échange, et combien il est difficile d'obtenir une promesse, que celui qui la fait considère comme une loi inviolable. Il est donc exact de dire que le Normand ne s'engage qu'avec la plus extrême circonspection, mais il n'est pas juste d'affirmer qu'il n'exécute pas loyalement ses conventions, dans la stricte limite où il les a passées.

Ce n'est pas d'aujourd'hui que date le génie commercial des Normands, c'est à leurs débuts en France qu'ils ont fait leur plus belle opération. Ils étaient déjà établis dans la vallée de la basse Seine, et s'ennuyaient. Ils avaient entendu dire que bien loin, dans l'intérieur des terres, à la source même du fleuve, se trouvait un riche pays dans lequel le vin était bien supérieur à celui que l'on fabriquait en Neustrie (1), et à la boisson extraite du jus des pommes. Ils partirent donc sur leurs grands bateaux plats et arrivèrent, sans encombre, jusqu'à Paris. Là, ils demandèrent poliment à passer, mais les Parisiens, retranchés dans leur île, et qui barraient la Seine par deux ponts fortifiés, s'y refusèrent. Le siège commença aussitôt et

Polletaise.

---

(1) Il y avait autrefois des vignes en Normandie. Henri IV aimait beaucoup le vin d'Argences. (Argences est la première station, à l'est de Caen, sur la ligne du chemin de fer de Paris à Cherbourg.)

dura un an. Les assiégés, sous le commandement d'Eudes, comte de Paris, et de l'évêque Gozlin, firent une défense héroïque. Douze bourgeois enfermés dans la tour formant tête de pont sur la rive gauche, coupés de la place, par une crue du fleuve qui avait enlevé le petit pont, soutinrent seuls l'assaut pendant une journée entière. Le soir ils furent pris et massacrés.

Les noms de ces douze braves ont été conservés ; ils sont inscrits sur une plaque commémorative placée sur le lieu même où ils s'immortalisèrent par leur courage.

Pendant la durée du siège, les Northmans ne perdaient pas leur temps ; tout en maintenant l'investissement, ils faisaient des incursions à une certaine distance. Ils avaient une prédilection particulière pour les abbayes. Désireux de connaître les serviteurs du Dieu des chrétiens, ils leur rendaient de fréquentes visites. Ils recevaient chez eux une large hospitalité et emportaient en souvenir tout ce que le monastère avait de précieux ; on prétend même que, dans le feu de la controverse, il leur arrivait fréquemment d'occir les bons pères. Au moyen âge, on était un peu brutal.

Cependant Paris était aux abois, Gozlin était mort. La famine et la peste désolaient la ville. Eudes passa au travers des lignes ennemies, et se rendit auprès de Charles le Gros pour lui demander du secours, puis il parvint à regagner son poste.

Charles le Gros était, on le sait, un empereur d'Allemagne auquel les seigneurs avaient eu la bizarre conception de donner la couronne de France. En ce temps-là, l'idée de patrie existait peut-être à l'état latent dans le cerveau de quelques pauvres gens. Elle représentait pour eux la terre sur laquelle ils étaient nés et qui les

Guerrier Normand.

nourrissait, quand leur maître leur laissait quelque chose. Mais, pour les hauts barons, qui seuls comptaient alors, les peuples étaient une marchandise dont on disposait, suivant l'intérêt ou le caprice du moment.

Charles arriva avec une armée supérieure en nombre à celle des hommes du Nord. A Montmartre, il s'arrêta. Ceux-ci s'empressèrent d'envoyer vers lui des négociateurs. Ils lui exposèrent « qu'ils ne voulaient aucun mal aux Parisiens, qu'ils ne demandaient que le passage libre pour aller explorer la Bourgogne; mais que la résistance des habitants de cette ile les avait retardés un an, et leur avait causé toutes sortes de désagréments. Ils consentiraient cependant à tout oublier, et l'empereur pourrait jouir en paix de sa bonne ville, s'il les laissait terminer tranquillement leur petit voyage, et leur donnait une juste indemnité. » L'empereur prudent, comme tout Germain en présence d'un Scandinave, lorsqu'il n'a pas derrière lui un empire pour écraser une poignée d'hommes, trouva la réclamation légitime ; il accorda sept cents livres d'argent et la permission de continuer la route vers la Bourgogne.

Les Northmans expliquèrent alors, après avoir touché, qu'ils n'avaient pas pu pénétrer dans la ville, mais que c'était tout comme, puisqu'un jour ou l'autre, ils auraient fini par s'en emparer. Ils levèrent le siège, et purent à loisir comparer les crus de la haute Seine et de la Saône, avec le cidre du pays de Caux.

Les Bourguignons furent peu reconnaissants à leur souverain des hôtes qu'il leur avait envoyés.

Voilà comment, en 886, les Normands vendirent à l'empereur Paris qu'ils n'avaient pas pris.

Ils rendirent cependant, sans le vouloir, service au

pays, car les seigneurs indignés de la lâcheté de Charles le Gros, le déposèrent, l'année suivante, « comme inutile et incapable ». L'empire fut morcelé, et Eudes, le héros parisien fut élu roi de France.

Ennemi de tous les extrêmes, sceptique par expérience et fataliste par tempérament, le Normand a peu de goût pour la politique.

A Paris, comme partout ailleurs, il conserve son air souriant, narquois, son aspect un peu lourd et son accent. On le rencontre très peu parmi les ouvriers ; il est négociant, professeur ou fonctionnaire ; négociant, il gagne de l'argent ; professeur ou fonctionnaire, il se fait remarquer et arrive aux situations élevées. Il y a un commerce dont il est le maître incontesté : la librairie. A l'exception de quatre ou cinq, toutes les grandes maisons de librairie appartiennent à des Normands, ou ont été fondées par eux. Les moins heureux vendent des livres d'occasion sur les quais.

La Normandie est celle de nos provinces qui, proportionnellement à sa population, envoie le plus d'émigrants à Paris.

L'innocence bretonne, la vertu bretonne, la foi bretonne : voilà ce qu'on trouve dans les romans, à côté de la description des landes sauvages où, la nuit, les Korrigans viennent danser autour des menhirs. Le voyageur qui a visité la Bretagne et étudié superficiellement ses habitants traduit cela par : la corruption bretonne, l'ivrognerie bretonne, le fanatisme breton, l'ignorance bretonne. Où est la vérité ? Des deux côtés. Le caractère breton ne ressemble en rien à celui du reste de la France, aussi, pour l'examiner, faut-il se placer à un point de vue différent ; en outre, le Breton, chez lui, est tout autre qu'en dehors de son pays. L'entêtement, qui conduit a l'absolu, est son défaut, ou quelquefois sa qualité dominante. Il se rencontre dans toutes les classes de la société, classes bien distinctes et qui ne se mêlent pas. On trouve, en effet, à côté d'une aristocratie instruite, mais qui tient à ses vieilles idées et n'en veut pas changer, une masse ignorante et inaccessible jusqu'ici au progrès, puis, dominant le tout, un clergé sorti des campagnes qui puise sa principale force dans le défaut d'instruction de ses ouailles.

En Bretagne.

Dans les villes s'élève peu à peu une classe moyenne qui finira par désagréger le vieil édifice et par faire pénétrer la lumière dans les villages, mais le succès n'a pas encore couronné ses efforts. Depuis la conversion au christianisme des conquérants de la Gaule, la suprématie est passée successivement des mains des prêtres à celles de la noblesse, de la noblesse aux bourgeois et des bourgeois à l'ensemble des citoyens. En Bretagne, l'évolution n'est pas encore accomplie.

D'ailleurs, dans le Nord et l'Est, sa frontière est restée fermée à l'esprit normand aussi bien qu'à l'esprit angevin. Il n'y a pas à tenir compte du Maine, mélange mal amalgamé de Bretons, de Normands et d'Angevins.

Dans le Sud-Est, la vigne a exercé son influence, la Loire a amené des communications incessantes et, jusqu'à Nantes, on est plutôt en Anjou qu'en Bretagne; par contre, les mœurs bretonnes se sont répandues au sud-ouest dans une partie de la Vendée.

Si donc on ne considère que la partie ignorante et grossière de la population, on y constate tous les vices des peuples enfants, mais en même temps un profond respect de ce qu'elle croit être l'autorité et un dévouement absolu à ses

Vieux Breton.

maîtres et à leur cause. Le régiment et la marine de l'État, en quelques semaines, transforment leurs recrues brutales et grossières en admirables soldats disciplinés et solides au feu ou en matelots les meilleurs de notre flotte.

Paris compte un grand nombre de Bretons parmi ses

illustrations, mais ils ont tous ce signe spécial à leur race qu'ils ont complétement perdu, par leur absence du pays natal, le caractère propre de ce pays. Chez les hommes dont les œuvres sont connues de tous, le Breton a disparu, ils ne sont plus que philosophes, littérateurs, artistes. Quelques poètes, cependant, consacrent leur talent à chanter les légendes de l'Armorique ; mais c'est le propre de la poésie de garder l'impression des premières années.

Les ouvriers bretons sont, en grande partie, terrassiers ; très peu exercent un métier qui exige autre chose que la force de résistance à un dur travail.

Lorsque des originaires des provinces de langue d'Oc, se rencontrent ils s'empressent de parler leur idiôme. Les Bretons bretonnants qui savent le français parlent toujours français entre eux en dehors de la Bretagne.

Le Tourangeau se glorifie de n'avoir pas d'accent. Qui n'a pas d'accent n'a pas d'originalité, tous ceux qui ont vu la Touraine sont de cet avis.

Le caractère poitevin se rapproche du caractère breton dans la Vendée et le Bocage, du Saintongeois dans les Deux-Sèvres et du Berrichon dans l'Est.

L'Angevin est un joyeux compère, bon vivant, aimable ; ce qui ne l'empêche pas d'être un commerçant très rusé et très habile en affaire. Il sait compter et a même une pointe d'avarice pour ce qui ne touche pas à ses plaisirs.

A Paris les Angevins sont en général des bourgeois.

VI

LES PARISIENS DE PROVINCE *(suite)*
EST, NORD-EST, CENTRE ET CENTRE-EST

L'Est et le Nord-Est ont été le théâtre de toutes les guerres dans lesquelles il nous a fallu défendre notre indépendance, aussi le patriotisme y est-il, si non plus développé, du moins plus apparent que partout ailleurs. La Champagne, la Lorraine et l'Alsace ne sont qu'un vaste champ de bataille ; il n'est pas une ferme qui n'ait été pillée, pas une famille qui n'ait été victime de l'invasion; on y est habitué à relever rapidement les ruines.

La Champagne est tout entière occupée à cultiver ses vignes, fabriquer et vendre son vin. Le Champenois est donc vigneron, négociant ou voyageur en vins. Il fait de grosses fortunes ; s'il a des filles, il les marie à un gentilhomme plus riche d'ancêtres que d'écus. S'il a des fils, il leur achète un titre étranger de comte, de duc ou de prince, cela dépend de ses moyens. Il a fait souche de noblesse, il est heureux ; c'est pour cela que les étiquettes des bouteilles de champagne ont en général, une allure aristocratique qui double leur prix. Quel honneur pour le Père-Lunette lorsqu'il peut dire: « Mon confrère monseigneur le prince de X... ! Nous sommes dans la même partie, il fait le gros et moi le détail ! »

Ceux qui n'ont pas l'espoir de pouvoir jamais offrir à leurs enfants un blason moyennant finance travaillent et vivent largement de leur métier. Il en résulte que malgré la proximité de Paris, la Champagne y est faiblement représentée.

Il en est de même pour d'autres raisons de la Lorraine restée française, et les trois évêchés dont un ne nous appartient pas actuellement.

Le Lorrain, sec, vigoureux, esprit positif et méthodique, aime peu la vie intensive de Paris. Il lui préfère ses bois, ses chasses, son existence d'activité physique. Il ne se déplace pas pour chercher fortune ; s'il vient s'établir à Paris c'est qu'il y a trouvé d'avance une situation qui lui convient. Quant aux habitants du pays Messin et de la Lorraine annexée, beaucoup d'entre eux ont abandonné leur foyer pour conserver leur nationalité et se sont installés à Paris, où ils ont facilement trouvé à vivre ou même à gagner de l'argent.

L'Alsacien est un type à part. Ses mœurs sont allemandes, son caractère lui est propre. Grand, vigoureux, blond au teint coloré, il aime la danse, la bonne chère, son vin et par-dessus tout sa bière. Sous son aspect peu élégant se cache un esprit moqueur, moqueur avec gravité, une sorte d'humour que l'Allemand ne comprend pas et souvent même ne voit pas. Il sent bien qu'il y a quelque chose, mais il ne saisit pas où ni quoi, et il est furieux. C'est pour cela qu'il préfère le Lorrain, qui parle français, mais dont la tenue vis-à-vis du détenteur du sol est calme et froide, à l'Alsacien toujours prêt à lui jouer un de ces tours dont tout le monde rit en dedans sans qu'il sache pourquoi.

L'Alsace a une plaie : la haine religieuse. Catholiques

et protestants se détestent et se calomnient réciproquement.

La plupart des Alsaciens fixés à Paris sont brasseurs ou limonadiers ; ils emploient de préférence leurs compatriotes comme garçons. Ils sont navrés de voir leurs établissements envahis par les Allemands ; mais il n'y peuvent rien, la bonne bière exerce sur le Germain une attraction irrésistible, et dans les maisons tenues par les Alsaciens la bière et ses accessoires : choucroute, saucisse, museau de bœuf, etc., sont toujours excellents.

Le Franc-Comtois est têtu comme le Breton, mais il est plus calme, plus réfléchi, plus renfermé. Se rapprochant du Lorrain dans le Nord, il ressemble beaucoup au Suisse dans tout le reste de la région, avec plus de raideur. L'industrie du pays est l'horlogerie ; tout le monde s'en occupe plus ou moins. C'est également dans cette profession que l'on rencontre le plus de Francs-Comtois à Paris.

Revenons vers l'Ouest ; nous sommes en Bourgogne. Cette province, qui fut longtemps un puissant duché, n'a pas gardé l'amour des batailles qui l'animait autrefois. Elle est toute à ses vins, elle les choie, les aime, non seulement comme une marchandise qui fait sa richesse, mais comme des enfants dont elle est fière. Ce vin naturel, chaud, généreux, n'ayant pas, comme le champagne, une énergie factice obtenue par de minutieuses opérations, est l'image du caractère bourguignon. Le Bourguignon, en effet, est gai, sociable, facile à vivre. Il est heureux de rendre service ; sa parole est sûre. Son air souriant, sa main toujours prête à serrer cordialement celle qui lui est tendue, attire vers lui les amitiés. Lorsqu'on le connait mieux, on s'aperçoit que l'aspect extérieur n'était pas trompeur. Son intelligence est vive. Il aime la bonne chère, mais il ne fait pas un Dieu de son ventre.

La Bourgogne fournit à Paris des hommes de valeur qui, devenus très Parisiens, restent de francs et joyeux compagnons.

Beaucoup de Bourguignons sont marchands de vins ou négociants en liquides. C'est chez eux que l'on trouve les meilleurs produits, d'abord parce qu'ils sont fins connaisseurs et ensuite parce qu'ils conservent pour le jus de la vigne, le respect qui leur a été inculqué dès leur enfance.

Les nourrices bourguignonnes sont très demandées sur la place de Paris à cause de leur robuste santé...

Le Nivernais est cultivateur et éleveur ; c'est un paysan fruste en apparence; au fond, très retord. Depuis quelques années il subit une transformation lente, par suite de l'introduction d'un élément nouveau. Paris place en nourrice, puis en apprentissage, dans la Nièvre, un grand nombre d'enfants assistés et moralement abandonnés. Ils y sont bien accueillis. Sans aucune attache de famille, la Nièvre devient leur pays d'adoption ; ils s'y marient et contribuent ainsi à affiner la race. En outre, les jeunes filles de la campagne, mêmes relativement aisées, mais pas assez cependant pour avoir une dot, viennent comme bonnes à Paris. Elles s'y conduisent bien et, lorsqu'elles ont amassé un petit pécule, retournent chez elles, où les épouseurs ne leur manquent point. En somme, c'est plutôt Paris qui va au Nivernais, que le Nivernais qui vient à Paris, où il ne fait que passer.

La partie de l'Orléanais située sur la rive droite de la Loire participe au caractère neutre de la Touraine et de l'Ile-de-France. Sur la rive gauche, le pauvre Solognot traîne sa vie misérable dans ses plaines incultivables auxquelles il est attaché et qu'il ne quitte pas volontiers. Du reste, il est établi par l'expérience que ce sont les habitants des régions les plus riches qui les abandonnent le plus facilement.

Paris a été bâti par les ouvriers venus du Berry, de la Marche, du Bourbonnais et du Limousin. C'est sous ce dernier nom qu'on les connaît. Qui n'a vu, aux environs de la place Maubert, ces maçons à blouses blanches, regardant tranquillement les passants, les jours de chômage? Ce sont les Limousins. Venus à Paris pour y travailler, ils retournent au village aussitôt qu'ils ont ramassé un peu d'argent, y achètent de la terre et se font cultivateurs. Même pendant leur absence, à mesure qu'ils ont réalisé quelques économies, ils les envoient à leurs parents, qui, peu à peu, arrondissent le petit avoir du fils qui est là-bas et le font valoir pour son compte.

Limousine.

Ils sont sobres, laborieux et ne s'offrent d'autres distractions que d'aller danser, à la cornemuse dans les bals musette de la montagne Sainte-Geneviève, plaisir qu'ils partagent avec les Auvergnats, nombreux également dans ce quartier.

Le Berrichon, parti du même point se fixe plus souvent à Paris. Lorsqu'il a trouvé les premiers fonds, il devient tâcheron, puis entrepreneur : alors il fait fortune, parce qu'il connaît parfaitement son métier et que son honnêteté lui attire les clients. Dans ce cas, il n'est

Village de la Sologne.

pas rare que, retiré des affaire, il reste définitivement à Paris. Beaucoup d'architectes sont Creusois. C'est toujours le bâtiment.

Que l'on rie du charabia des Auvergnats, cela peut s'admettre, bien que les gens qui se moquent d'eux aient la plupart du temps, un accent aussi prononcé dans un autre genre; mais les prendre pour des imbéciles, c'est avouer qu'on ne les connaît pas. La race auvergnate, à laquelle il faut rattacher l'Aveyronnais qui n'en diffère que par des détails, est une des mieux douées, au point de vue du sens pratique, de toutes celles qui composent l'unité française. Au physique, l'Auvergnat est de taille moyenne; il est solidement charpenté, sans élégance; ses cheveux et sa barbe sont noirs et abondants. Son allure est pesante, son aspect peu engageant; il semble toujours, même quand il rit, ce qui lui arrive souvent, qu'il soit mécontent de quelque chose. Son langage aux résonances dures contribue à lui donner une apparence brutale. Cette rude enveloppe cache une intelligence très ouverte, une volonté immuable d'obtenir le résultat jamais perdu de vue. Son entêtement est aussi enraciné que celui du Breton et du Franc-Comtois, seulement il ne porte que sur le but et non sur les moyens. L'Auvergnat n'hésite pas à revenir en arrière et à recommencer son siège, lorsqu'il s'aperçoit qu'il s'est engagé dans une mauvaise voie. Grâce à ce caractère ferme et à cet esprit de suite, il réussit dans ce qu'il entreprend.

En Auvergne.

Le charbonnier se retirera riche, le fonctionnaire atteindra le sommet de la hiérarchie, l'artiste, le romancier, le poète imposeront leurs œuvres au public.

L'Auvergnat et l'Aveyronnais sont partout à Paris toujours en bonne posture. Ils ont entre eux une solidarité qui ne s'évanouit qu'au moment où l'un d'eux veut sortir de la place qu'ils croient lui appartenir légitimement, pour prendre celle d'un autre. Ils se poussent mutuellement par le bruit qu'ils font autour les uns des autres. Ce sont des banqueteurs enragés; à propos de tout on organise un dîner, on porte des toast que le lendemain les journaux du pays reproduisent. Ils ont une affection particulière pour la politique; il n'en est pas un qui ne rêve de faire partie, sans préparation aucune, d'un corps élu, depuis le commissionnaire qui espère être conseiller municipal de sa commune

Vieille Auvergnate.

lorsqu'il sera retourné au village jusqu'à l'avoué qui veut être député et au rentier qui travaille son élection au Sénat. Ce besoin de toucher au fouet du char de l'État, en leur faisant négliger le solide pour un mirage que les électeurs dissipent brutalement, les empêche souvent de montrer tout ce qu'ils valent, dans la sphère où ils ont réellement une valeur; c'est le côté faible du caractère auvergnat, anomalie bizarre chez un homme qui pour tout le reste est inaccessible aux illusions de l'imagination.

L'Aveyronnais diffère de l'Auvergnat en ce sens qu'il est plus apte à devenir Parisien; le souffle chaud du Midi est venu jusqu'à lui et lui a enlevé un peu de la rudesse extérieure de son voisin du Nord, mais, au demeurant, c'est un Auvergnat du Sud, avec les qualités et les travers de son compatriote de l'autre côté de la montagne.

Signe particulier : L'Auvergnat et l'Aveyronnais préfèrent à la société des dames les réunions d'hommes, dans lesquelles ils se sentent plus libres.

VII

LES PARISIENS DE PROVINCE (*fin*)
SUD, SUD-OUEST, SUD-EST, LES COLONIES

Par extraordinaire, le Savoyard n'a pas été calomnié à Paris ; on l'y apprécie comme il le mérite. Il est peu de Français aussi sobres, aussi laborieux, d'une probité aussi complète. Ces caractères que l'on rencontre chez le marchand de marrons installé l'hiver avec sa poêle à la porte des marchands de vin, chez le ramoneur, chez tous ces humbles qui viennent chaque année dans la grande ville pour y chercher leur pain, se retrouvent parmi les hommes éminents dont la Savoie enrichit la population parisienne.

Le Dauphinois, quoiqu'il s'en défende, est Savoyard de tempérament dans le Nord-Est et l'Est. Il est Lyonnais dans le Nord et se rapproche du Provençal dans le Sud et le Sud-Ouest.

Le Lyonnais n'est pas toujours facile à mener, il a la tête chaude et, lorsqu'il est mécontent, ses colères sont terribles. Il admire sa ville et s'admire en elle. Lorsqu'un Parisien semble croire que Paris est supérieur à Lyon, il reconnaît que c'est plus étendu, mais, pour le reste, il ne l'admet point. Il se borne à respecter ce qu'il appelle le patriotisme local des gens de la Seine ; il le comprend, du reste, puisqu'il est, pense-t-il, de la même nature que le sien, il regrette seulement qu'il soit trop exclusif.

Le Rhône franchi, on est en plein pays Cévenol, au milieu de ces populations à la foi ardente qu'a jadis décimées la révocation de l'édit de Nantes. Fiers et robustes montagnards si différents par leur dignité et leur respect d'eux-mêmes et des autres, de leurs voisins, les riverains de la Méditerranée.

Du bruit, des paroles en l'air, des promesses insensées, jamais tenues, des offres de service à tout le monde et à propos de tout, aussitôt oubliées que faites, des discussions interminables qui semblent devoir dégénérer en luttes acharnées et qui cessent tout à coup quand les adversaires sont essouflés : c'est la Provence. En parler après Alphonse Daudet serait superflu, il a si bien peint ses compatriotes qu'ils ne le lui ont jamais pardonné. Toutefois, ce serait une grave erreur de juger les Provençaux d'après leur verbiage perpétuel. Cette intempérance de langage n'est qu'un masque qui cache un caractère très fin et rusé. Chez eux, la parole donnée, l'engagement pris n'ont aucune valeur, il faut donc, lorsque l'on traite avec eux, se garer soigneusement de leur versatilité, versatilité qui n'est pas basée sur le caprice du moment mais sur l'intérêt présent qui vient primer l'intérêt antérieur. En réalité, crier, gesticuler sont une distraction, rien de ce qui est dit ne compte, cela n'empêche pas d'agir dans un sens souvent opposé. Il convient de leur rendre cette justice qu'ils se conduisent entre eux comme avec les étrangers, seulement entre eux, leurs allures ne trompent personne, tandis que l'étranger trop confiant se laisse étourdir et berner.

Il y a beaucoup de Provençaux à Paris, les moins

intelligents restent ce qu'ils étaient, c'est-à-dire insupportables. Les mieux doués — c'est le plus grand nombre — abandonnent rapidement leurs habitudes de bavardage pour ne conserver qu'une parole brillante,

En Provence.

souple et facile. Les femmes, surtout, s'accommodent bientôt à nos mœurs ; elles joignent alors à leur beauté de race un charme tout particulier qui les place au rang des Parisiennes les plus gracieuses.

La littérature et les arts sont le domaine de prédilection des Provençaux.

Quelque Parisien que soit devenu le Provençal, il s'acclimate difficilement à Paris; il regrette toujours son soleil.

Le caractère provençal s'étend sur les côtes de la Méditerranée jusque vers le Narbonnais.

En remontant de la partie Est des Pyrénées jusqu'aux environs du Tarn, on est en pays Languedocien.

Là encore bout le tempérament méridional, mais plus grave, avec un peu d'arrogance. Le Toulousain est plus ardent que le Provençal, mais il sait renfermer ses sentiments, il ne se jette pas, comme lui, à la tête du premier venu; ce qu'il promet, il le tient, la cause qu'il croit juste il la défend; il réfléchit et ne change pas d'idées sans raison. Il a subi l'influence du voisinage de l'Espagne et des invasions gothiques et sarrasines.

A Paris, c'est parmi les artistes qu'il y a le plus de Languedociens occidentaux. Ce sont des musiciens remarquables, ils brillent comme compositeurs ou comme chanteurs.

Enfin, voici la Gascogne, avec ses landes désolées et son riche Bordelais, avec ses vins, ses truffes et ses Gascons. Que de plaisanteries n'a-t-on pas faites sur les Gascons! Que d'histoires fantastiques et de récits abracadabrants n'a-t-on pas attribués aux riverains de la Garonne! Rien de plus agaçant qu'un Gascon bête, — il n'y en guère; — il est vantard, vaniteux, parle de tout sans savoir, tranche toutes les questions, ne doute de rien, voit la vie au travers d'un microscope; chez lui tout est immense, rien de naturel, rien de simple. Mais quel homme aimable que le Gascon intelligent! Quel esprit alerte! Quel sens juste du beau, quel goût sûr! Avec cela une parfaite entente des affaires, une finesse que rien ne prend en défaut. Au physique, il est assez malaisé de définir le type, parce qu'il est varié ; ce qui le distingue cependant, c'est la vivacité du regard.

A Paris, où il s'est fait une belle place, le Gascon est aimé pour ses franches allures et sa conversation toujours gaie, toujours amusante.

Bordeaux joue en France un rôle à part ; c'est la seule ville qui soit un reflet de Paris. Le Bordelais est un Gascon perfectionné qui a subi la même transformation que le provincial établi à Paris, mais, comme il n'y est pas mêlé à d'autres races, il a imprimé à sa cité un caractère original qui ne fait qu'en rehausser l'éclat.

Certes, les vins de Bordeaux sont les premiers de l'Europe, mais comme ceux qui les vendent savent les faire valoir et qu'il est difficile de refuser une commande au voyageur élégant, bien élevé, homme du monde qui vient les offrir !

Les habitants de l'Angoumois, de l'Aunis et de la Saintonge sont des Gascons refroidis par l'éloignement du Midi.

Adossé aux Pyrénées, intercalé dans la Gascogne est le pays basque. Le Basque français, comme le Basque espagnol, est fier, peu communicatif, respectueux de sa parole. Énergique, tout d'une pièce, il ne discute jamais, parce qu'il est incapable de concession. Son type élancé, nerveux, bien proportionné, est superbe. Chez lui, pas de ces querelles interminables dont les injures font tous les frais. Le désaccord se tranche au couteau, loyalement, face à face, sans traîtrise ; il se bat avec son ennemi, il ne l'assassine pas. Le Basque émigre volontiers, il a formé de véritables colonies dans l'Amérique du Sud, où il fait honorer la France. A Paris, quelle que soit sa situation, son caractère ne change pas, il reste ce qu'il était dans son village.

Nous autres, dont les sentiments sont émoussés par le contact incessant de gens que le hasard des relations met en notre présence aujourd'hui et que nous ne reverrons pas demain, qui distinguons à peine, au milieu d'indifférents, quelques personnes qui nous plaisent et d'autres qui nous déplaisent, nous ne comprenons pas le caractère du Corse. Pour lui, il n'y a d'indifférents que ceux

Aux Pyrénées.

qu'il ne connait pas; tous les autres, il les aime ou les hait. Pour ses amis il est serviable; ils peuvent compter sur lui; malheureusement, sa susceptibilité excessive rend toute amitié fragile, et, pour un mot, pour la cause la plus futile, il la brise; alors elle se change en haine. Ceux dont il est l'ennemi, il les poursuit sans cesse et les frappe jusqu'à ce qu'il les ait abattus. Dans son île, le paysan a recours à l'ancienne vendetta, plus fréquente encore qu'on ne se le figure sur le continent; une balle clôt le différend. Sur la terre ferme, lorsqu'il appartient à une condition sociale plus éclairée, ce sont les moyens civilisés qu'il emploie. Tout bon ou tout mauvais, tel est le Corse.

Au premier abord, ces mœurs effraient; en les examinant de plus près, on se demande si elles valent moins que cette politesse, la même pour tous que l'on trouve chez certains individus, les paroles mielleuses, les promesses d'aide, les protestations de dévouement dont on ne pense pas un mot, cet égoïsme aimable qui ne secourt personne et fait bonne mine à tout le monde. Le Corse hait à fond, mais il aime de même. Il sent l'outrage; son tort est peut-être de le voir trop facilement là où il n'est pas. Il frappe impitoyablement son ennemi, mais il n'abandonne pas son ami. Ne regardons donc point d'un seul côté et, avant de blâmer ce qui nous paraît blâmable, envisageons ce qui nous semble digne d'éloge, peut-être alors estimerons-nous qu'il y a balance.

Cette observation, du reste, doit être généralisée. Toutes les races, tous les peuples pris dans leur ensemble, ont une somme de qualités et de défauts qui, la plupart du temps, se font équilibre. Mais, comme pour les juger nous nous plaçons à notre propre point de vue, souvent sans nous en douter, nous apercevons immédiatement une qualité qui nous touche, parce qu'elle se rapproche de celles que nous croyons avoir ou dont nous nous vantons, parce que nous voudrions les posséder et que nous ne les avons pas. Ou bien nous sommes frappés par un défaut qui nous choque, étant de ceux que nous détestons plus que d'autres, soit que nous ne l'ayons pas, soit que, l'ayant, nous nous en cachions soigneusement. Nous oublions alors d'étudier le reste du caractère et nous laissons de côté ce qui compenserait le bien ou le mal apparu instantanément à notre esprit particulièrement disposé à en recevoir l'impression spéciale. Rien n'est si difficile que de faire abstraction de sa personnalité lorsqu'on juge les autres, il n'y a cependant pas d'autre moyen d'être impartial et juste.

Les Corses sont nombreux à Paris, où ils exercent surtout des fonctions publiques. Quelques-uns se distinguent dans la littérature et dans la presse. Ils sont très Parisiens et préfèrent le boulevard aux maquis.

L'Algérie reçoit des immigrants et ne se répand pas au dehors. La race caucasique de ce pays est en voie de formation, son type n'est pas encore fixé. Ce sera un mélange d'Espagnol, de Français du Midi, de Maltais et d'Italien. On peut, dès à présent, constater que l'Espagnol restera dominant dans l'Ouest, le Français au Centre, l'Italien et le Maltais à l'Est.

L'Algérie et la Tunisie sont représentées à Paris par quelques Arabes, marchands de pastilles du sérail et par des Juifs qui vendent des produits du pays.

Les colonies en plein développement sont les Antilles et l'île de la Réunion. Ce sont les seules dont on rencontre dans nos rues une certaine quantité d'originaires.

Pendant longtemps les blancs y ont régné en maîtres, méprisant l'homme de couleur, le tenant à distance, quelle que fut sa fortune ou sa valeur intellectuelle. Aujourd'hui le descendant des anciens esclaves se venge, il est le maître et le créole est opprimé par lui. Toutefois le mouvement est moins avancé à l'île de la Réunion qu'à la Martinique et à la Guadeloupe.

Ce sont les facultés de droit et de médecine qui reçoivent le plus d'habitants des Antilles et de la Réunion, presque tous noirs ou de sang mêlé. Les créoles chassés

Aux Colonies.

peu à peu des fonctions locales se rencontrent à Paris dans les administrations, rarement dans le commerce. Ils ont perdu leur ancienne morgue; ils sont avenants, un peu légers et d'un commerce agréable. Les femmes sont restées ce qu'elles étaient : belles, peu aptes au travail ou aux soins du ménage, mais gracieuses et spirituelles.

Les autres colonies ne comptent pas au point de vue parisien.

VIII

LES ISRAÉLITES

Il y a deux types juifs bien distincts : l'un grand, vigoureux, avec le nez busqué, le front haut et fuyant, l'autre petit et mince. L'Israélite est intelligent et possède une merveilleuse aptitude pour les affaires. On le trouve partout où il y a quelque chose à vendre ou à acheter ; il ne s'entête pas à poursuivre une opération qui devient mauvaise, il n'est attaché à aucun commerce, il les fait tous, pourvu qu'ils rapportent. Avec cela sobre, économe, sans avarice stérile, il n'est pas étonnant qu'il arrive rapidement à la fortune. Alors il dépense largement et déploie un luxe éblouissant.

Depuis quelques années, un mouvement anti sémite s'est déchaîné à l'étranger et a eu son écho en France. Nous n'avons pas à examiner ici ce qui s'est passé en dehors de nos frontières, mais il semble indispensable d'étudier très rapidement les attaques dont les Juifs ont été l'objet chez nous, particulièrement à Paris.

Leurs adversaires leur reprochent d'abord de n'avoir pas de patrie : « Ils ne sont, disent-ils, ni Français, ni Allemands, ni Hollandais, etc., seulement Juifs. Le pays qu'ils habitent n'est jamais le leur; ils y vivent, l'exploitent et n'ont pour lui aucun attachement. D'autre part, ils sont accapareurs, tout leur est bon ; ils profitent de la misère ou seulement de la gêne des autres pour leur extorquer des marchés léonins. Ils exercent l'usure sous toutes ses formes, depuis le prêt de cinq francs à un sou d'intérêt par jour, jusqu'aux combinaisons financières roulant sur des millions. Ils ne lâchent leur proie qu'au moment précis où elle ne peut plus rien leur rapporter. Unis entre eux, à la Bourse, ils font la hausse ou la baisse à volonté, tantôt sur une valeur, tantôt sur une autre, s'enrichissent ainsi aux dépens du spéculateur mal informé et brisent ceux qui essayent de lutter contre eux.

« En définitive, ce sont des parasites qui profitent du travail des autres, sans jamais rien produire d'utile. »

Voilà le réquisitoire.

Voici la défense :

« On doit d'abord laisser de côté l'accusation d'internationalisme. Le nombre des officiers juifs dans l'armée est la seule réponse à apporter à cette allégation. On ne se fait pas soldat d'un pays dont on ne se considère pas comme citoyen. L'accusation fût-elle justifiée, elle aurait, du reste, peu de valeur. Il serait bien permis à une race vilipendée, opprimée pendant des siècles, dans le monde entier, qui n'a échappé à la destruction que grâce à la solidarité de tous ses membres, d'avoir peu d'affection pour les pays où elle vit par nécessité.

« On reproche également aux Juifs leurs grosses fortunes ; ils détiennent, dit-on, des capitaux considérables, acquis au prix des misères semées sous leurs pas. Beaucoup de Juifs sont riches, cela est vrai ; ils se sont enrichis par la spéculation, cela est encore exact ; c'est donc le procès de la spéculation que l'on fait ? Eh bien, il faut avoir la bonne foi de le reconnaître, sans la spéculation, le progrès matériel ne marcherait pas. C'est grâce à elle qu'ont pu être effectuées toutes les grandes entreprises de notre époque. Il en est qui n'ont pas réussi, elles ont subi le sort commun de toutes les conceptions humaines; d'autres, tout en étant excellentes en principe, ont souffert de circonstances malheureuses qui les ont perdues. Il y a eu des ruines, il y en aura encore, cela est fâcheux ; mais le bien-être général y a gagné; chaque jour il se développe.

» Si, lorsqu'on a commencé à construire les chemins de fer, on était venu dire aux capitalistes et aux petits rentiers : « Nous allons créer une industrie nouvelle, qui probablement sera rémunératrice, mais cependant, comme rien de semblable n'existe actuellement, nous ne pouvons pas l'affirmer; toutefois, si cela réussit, nous vous payerons un intérêt à peu près égal à celui des fonds publics. » Ils auraient répondu : « Grand merci ! nous ne risquerons pas notre argent, alors que nous avons la rente sur l'État, dont nous sommes sûrs, et les prêts sur hypothèque, que la terre garantit. » Au lieu de cela, les spéculateurs ont pris l'affaire en mains, ils ont émis des actions, montré une hausse probable, le doublement, le triplement du capital engagé; on a acheté, vendu, racheté, revendu. Les gros bénéfices possibles valaient la peine que l'on courût quelques risques ; l'argent est venu et les chemins de fer ont été construits. Les promoteurs de l'idée, ceux qui l'ont rendue réalisable se sont taillé la plus forte part. Quoi de plus naturel ? Personne ne travaille pour l'amour de l'art. »

» On objecte que la haute Banque, ce qui pour les antisémites est synonyme d'Israël, est maîtresse du marché, qu'à la Bourse, elle écrase et relève les cours à son gré et qu'ainsi elle dépouille sans défense possible le petit spéculateur. Le petit spéculateur ne sait donc pas ce que c'est que la Bourse? Il se figure donc qu'on n'y spécule pas? Alors qu'y va-t-il faire? S'il espère tirer profit d'une opération, il se doute bien que d'autres ont le même désir. S'il veut acheter à bon marché pour revendre cher, son voisin tente de vendre cher pour racheter à bon marché. Ils jouent l'un et l'autre, l'un contre l'autre. Or qui dit jeu dit chances de perte ou de gain. Celui qui tient à ne pas perdre n'a qu'à rester chez lui et à ne pas jouer. Le clubman, qui, à son cercle, s'attable au baccarat ne part pas en guerre contre ses adversaires parce qu'il perd, il attend l'occasion de prendre sa revanche. S'il ne se sent pas assez fort pour la lutte, il s'abstient de toucher aux cartes.

J'achète!

« Il y a des antisémites convaincus, ceux-là se trompent, il faut essayer de leur prouver leur erreur; mais, à côté d'eux, marche la foule des gens qui auraient bien voulu conquérir une place dans cette haute finance, qu'ils détestent uniquement à cause de leur impuissance à l'imiter. »

Telles sont les pièces du procès Où est la vérité? Probablement, comme toujours entre les deux extrêmes.

IX

LES ÉTRANGERS

Paris renferme beaucoup d'étrangers, venus les uns pour y jouir de leur fortune, les autres pour y travailler.

Les Belges y sont nombreux, l'industrie du vêtement est celle qu'ils exercent de préférence. Cependant on les trouve dans tous les métiers. Quant à ceux qui sont riches, ils viennent passer quelque temps chez nous, puis retournent dans leur pays; ce sont des voyageurs dont le séjour se prolonge, mais à cause de la proximité des deux nations, ils ne s'installent à Paris que passagèrement. Ils prennent nos mœurs, nos habitudes, parlent notre langue, que les Flamands et les Brabançons apprennent très vite; aussi est-il à peu près impossible de les distinguer des Français du Nord.

L'aristocratie anglaise vient à Paris, où elle a des relations, va l'hiver dans le Midi ou en Italie, voyage une partie de l'été et rentre chez elle à l'automne. Les ouvriers restent en Angleterre où les salaires sont plus élevés qu'en France; ils ont d'ailleurs un genre de vie qui s'accommode mal de celui de nos travailleurs.

Riche ou pauvre, instruit ou ignorant, l'Anglais transporte partout ses habitudes, jamais il ne se confond avec le peuple au milieu duquel il passe son existence. Il lui faut toujours ses douches, son thé, son rostbeef, ses pommes de terre à la vapeur, et, s'il est aisé, son Sherry et son Porto. Il est vigoureux, énergique, raisonnable, se lie difficilement, mais est très obligeant lorsqu'on le connaît et qu'on a pu pénétrer dans son intimité.

Le faubourg Saint-Antoine et Charonne sont remplis d'Allemands, en grande partie ébénistes. Il y en a aussi beaucoup qui sont employés de commerce. Ces derniers appartiennent pour la plupart à des familles de négociants aisés, c'est pour apprendre le français et pour s'initier à nos procédés qu'ils se sont expatriés, plutôt que pour gagner des appointements dont ils pourraient se passer. Qu'il y en ai parmi eux, qui observent autre chose que les travaux de leur patron, cela est hors de doute. Défendons-nous contre eux, que nos tribunaux les condamnent lorsqu'ils sont pris en flagrant délit de curiosité indiscrète; expulsons-les du territoire s'ils sont seulement suspects, mais n'allons pas jusqu'à mépriser, comme des criminels vulgaires, des gens qui servent leur pays, en risquant leur liberté. Imitons-les, cela vaudra mieux.

Depuis quelque temps, on prend vis-à-vis des étrangers des mesures excellentes, mais pendant longtemps on les a trop peu surveillés.

L'espionnage en temps de paix est malgré cela encore trop facile. Contrôler avec la plus extrême sévérité la nationalité des ouvriers employés par les entrepreneurs qui construisent nos fortifications ou travaillent dans nos arsenaux, frapper d'une punition énergique la négligence et de peines de la dernière rigueur la complicité de nos nationaux pour la communication de plans ou de documents destinés à rester secrets, s'impose, si nous voulons échapper aux yeux sans cesse braqués sur notre organisation militaire. En temps de guerre, au contraire on châtie les espions avec une véritable barbarie. Lorsqu'un homme fournit à l'ennemi des renseignements sur les forces de son pays, c'est un traître et la peine de mort est bien méritée. Il serait même à désirer que l'exécution fût accompagnée d'un apparat qui frappât l'imagination de ceux qui seraient tentés de faire comme lui. Les neutres devraient subir un sort identique pour avoir abusé, dans un conflit qui ne les regardait pas, de leur situation particulière. Il n'en est pas de même du militaire appartenant à l'armée de l'adversaire; en venant dans les lignes ennemies, sous un déguisement, pour y espionner, il a accompli un acte de belligérant, rien de plus. Ne serait-il donc pas juste de le traiter en prisonnier de guerre, avec certaines précautions spéciales, par exemple, de l'emprisonner étroitement, loin du théâtre de la lutte, et de ne pas accepter sa parole pour un internement libre à l'intérieur? Cette règle une fois adoptée, finirait par s'étendre également aux civils, le jour où on aura compris que celui qui défend son foyer, n'importe par quel moyen, n'a pas besoin de porter un uniforme pour être respecté par le vainqueur, lorsqu'il ne peut plus nuire. Malheureusement tout cela est du droit international et ne peut être établi que par une entente entre les nations civilisées; et ces ententes sont longues à réaliser.

Les Allemands, en général, se conduisent bien à Paris et évitent de faire parler d'eux. Ils se réunissent le soir dans les brasseries où devant la chope blonde, ils rêvent à la blonde Germanie.

L'Italie alimente Paris de modèles, de fumistes et de terrassiers. Tout le monde connaît ces bonshommes aux grands cheveux et à la longue barbe, ces jeunes gens à la fine moustache noire, aux cheveux bouclés, dont la cravate et les doigts sont chargés de bijoux faux, ces vieilles ridées, ces jeunes femmes aux formes sculpturales, portant les unes et les autres leur costume national, accompagnées de la fillette ou du gamin, que l'on voit le matin stationner à l'entrée de l'École des Beaux-Arts et des ateliers d'artistes. Le vieux pose les saints ; le jeune, l'académie ; la vieille les têtes d'expression ; la jeune, tout ce qu'on veut ; avec les bambins, on fait des saints Jean-Baptiste ou des Enfants Jésus.

Les Françaises, les Juives, surtout, sont cependant de rudes concurrentes pour les Romaines et les Napolitaines. Chez les Parisiennes, la ligne est moins pure, mais elles ont une intelligence de la pose que les Italiennes n'ont pas ; elles saisissent rapidement l'idée du peintre ou du statuaire et s'associent en quelque sorte à son œuvre, en lui fournissant un modèle vraiment vivant, tandis que l'Italienne ne comprend pas qu'une pose soit autre chose qu'un effet de bras ou de torse; il faut, pour ainsi dire la modeler pour la mettre en place.

Tout ce monde transalpin vit en colonies entre le Jardin des Plantes et la rue Mouffetard. Dans ce quartier, il y avait également des professeurs de musique pour de pauvres petits que leurs parents leur louaient. Ces malheureux enfants chantaient dans les cours et y jouaient du violon. En échange de la recette du jour, ils recevaient, le soir, une poignée de paille, dans un grenier, quelquefois un morceau de pain sec, toujours une large distribution de coups. La préfecture de Police a mis bon ordre à cette exploitation. Les conservatoires de la misère sont aujourd'hui disparus.

Le fumiste piémontais est un industriel établi, patenté ; il est incorporé à la population parisienne qui ne le considère plus comme un étranger. Ses ouvriers sont ses compatriotes.

S'il se donne cent coups de pioche à Paris, il y en a soixante qui sont frappés par des Italiens du Nord (1). Ceux-ci, du reste, ne font que passer, ils suivent les grands travaux de terrassement ; dès qu'ils sont terminés dans un endroit, ils passent dans un autre. Les ouvriers français ne les aiment pas, parce qu'ils avilissent les salaires et qu'ils vivent entre eux, sans se mêler à leurs camarades.

Nous ne dirons rien, et pour cause, des Italiens riches ; c'est une espèce trop rare pour qu'elle figure dans une nomenclature autrement qu'à titre d'exception.

Les Suisses habitant Paris sont pour la plupart originaires des cantons français ou de l'Engadine. Les premiers exercent un peu toutes les professions ; les seconds sont surtout pâtissiers. Lorsqu'ils parviennent à s'établir, il n'est pas rare qu'ils restent à Paris, et leur famille finit par devenir française ; les autres retournent dans leur pays lorsqu'ils ont amassé un peu d'argent.

Les grands seigneurs russes aiment Paris et il en est bien peu qui n'y aient passé quelques années. En dehors de toute considération politique et, quelles qu'aient été les relations diplomatiques entre la France et la Russie, ils y ont, à toute époque, rencontré de vives sympathies,

---

(1) Dans les travaux de la ville, du département et de l'Etat, il est interdit aux entrepreneurs d'avoir sur leurs chantiers une proportion d'ouvriers étrangers plus considérable que celle qui est déterminée par leurs cahiers des charges. Ils emploient tous les moyens imaginables pour déjouer la surveillance à laquelle ils sont soumis à ce sujet.

dues à leur caractère franc, à leur bonne humeur et à leur affabilité.

Le Quartier-Latin compte de nombreux Russes des deux sexes; presque tous, suivent les cours de la Faculté de médecine. Il y a quelques années, il y avait parmi eux un certain nombre de nihilistes, qui ont appris à nos anarchistes la fabrication et le maniement des explosifs. On sait que ceux-ci se sont montrés bons élèves. Aujourd'hui, les maîtres sont disparus et les élèves sont serrés de près.

Les étudiants grecs, bulgares, monténégrins, serbes, etc, autrefois connue sous la dénomination générale de Valaques, se rencontrent à chaque pas sur le boulevard Saint-Michel. Les fournisseurs, qui leur ont fait crédit, prétendent qu'ils retournent quelquefois dans leurs familles sans payer leurs dettés. Est-ce une médisance? Est-ce une calomnie?

Les étrangers des autres pays de l'Europe sont peu nombreux; ils se mêlent à la population qui les absorbe. Il n'y a pas lieu d'en faire autrement mention.

Les États-Unis sont représentés par de riches familles venues à Paris pour jouir du fruit de leur travail ou de celui de leurs auteurs. Elles s'efforcent de devenir Parisiennes et y réussissent souvent à la seconde génération. Leurs filles épousent des Français titrés, ce sont alors de véritables grandes dames. Elles allient au meilleur ton une grâce qui fait ressortir leur beauté. Elles savent dépenser sans gaspillage et sans ladrerie leurs immenses fortunes.

La femme américaine n'est pas la représentation féminine de l'Américain. L'Américain, dont la richesse ne remonte jamais loin sent longtemps le porc salé ou la forge. Cette élite commerciale que nous appelons en France le haut commerce est en voie de formation aux États-Unis, elle n'y est pas encore constituée. Les industriels et les négociants, qui chez nous la composent, qu'ils continuent une maison connue depuis de longues années par son honorabilité, ou qu'ils se soient élevés eux-mêmes par leur intelligence, font donner à leurs enfants une instruction complète et la meilleure éducation. Il n'en est pas de même de l'autre côté de l'Atlantique où le fils, aussitôt qu'il est pourvu des connaissances indispensables, se débrouille comme

Dans l'Amérique du Sud.

il peut. La jeune fille, au contraire, reçoit des leçons des professeurs les plus distingués; elle fait son apprentissage de femme du monde pendant que son frère compte des balles de coton.

De là résulte une supériorité de la femme sur l'homme, et quand elle se trouve transportée dans un milieu plus raffiné, elle y entre de plain pied, sans efforts.

Les Sud-Américains qui vivent à Paris on tous été plus ou moins présidents de la République dans leur pays et condamnés à mort pour faits politiques.

De l'Asie, il n'y a guère à mentionner que le Japon qui envoie à Paris un certain nombre de jeunes gens pour y faire leurs études.

Enfin, nous avons encore les Levantins, métis d'Arabes, de Grecs, d'Italiens, de Maltais, gens peu recommandables pour la plupart et qui exercent les métiers les moins avouables.

X

LA TÊTE DE PARIS

Académie française. — L'Académie française comprend dix-huit Parisiens : MM. Legouvé, de Broglie, Camille Doucet, le duc d'Aumale, Alexandre Dumas, Sardou, d'Audiffret-Pasquier, Maxime du Camp, Rousse, Sully-Prudhomme, Pailleron, Coppée, Duruy, Bertrand, Halévy, Léon Say, Meilhac et Thureau-Dangin ; deux originaires de l'Ile-de-France : MM. de Lesseps et Lavisse ; deux Normands : MM. Gréard et Challemel-Lacour ; deux Provençaux : MM. Emile Ollivier et Brunetière ; deux Languedociens : MM. Gaston Boissier et de Bornier ; deux créoles de l'île de la Réunion : MM. Leconte de Lisle et Hervé ; un Breton, M. Jules Simon ; un Lorrain, M. Mézières ; un Franc-Comtois, M. Pasteur ; un Lyonnais, Mgr Perraud ; un Champenois, M. d'Haussonville ; un originaire de l'Aunis, M. Pierre Loti ; un Limousin, M. Claretie ; un Gascon, M. de Freycinet, et un Niçois, M. Melchior de Vogué. M. Cherbuliez est Suisse d'origine, M. de Hérédia est né à Cuba.

Académie des Inscriptions et Belles-Lettres. — Dix-neuf Parisiens : MM. Hauréau, Le Blant, Rozière, Girard,

Foucart, Schefer, Bertrand, Meyer, Maspero, Héron de Villefosse, Longnon, Croiset, de Lasteyrie, Homolle, de Vogüé, Duruy, Saglio, Port et Clermont-Ganneau; deux originaires de l'Ile-de-France : MM. Perrot et Boislisle; quatre Normands : MM. Léopold Delisle, Heuzey, Gautier et Menant; quatre Alsaciens : MM. Schlumberger, Berger, Barth et Müntz; trois Champenois : MM. Paris, Senart et Barthélemy; trois Bretons : MM. Duchesne, de La Villemarqué et de La Borderie; deux Languedociens : MM. Boissier et de Mas-Latrie; deux Lorrains, MM. Arbois de Jubainville et Collignon; un Flamand, M. Wallon; un Artésien, M. Hamy; un Orléanais, M. Waddington; un Tourangeau, M. Viollet; un Limousin, M. Deloche; un Provençal, M. Barbier de Meynard. M. Ravaisson-Mollien est né en Belgique. MM. Derembourg, Michel Bréal, Oppert et Weil sont originaires de l'Allemagne.

Académie des Sciences. — Sur soixante-quatorze membres actuellement en exercice, l'Académie des sciences ne compte que dix-huit Parisiens : MM. Picard, Janssen, Grandidier, Fizeau, Becquerel, Troost, Moissan, Dehérain, Blanchard, Milne-Edwards, Verneuil, Bertrand, Berthelot, Larrey, Potain, Damour, Potier et Aimé Girard. Les cinquante-six originaires de la province se répartissent de la façon suivante : cinq de l'Ile-de-France : MM. Wolf, du Cloiseaux, Gaudry, de Lesseps et Brouardel; cinq Bourguignons : MM. Tisserand, Naudin, Marey, Cailletet et Chauveau; quatre Lorrains : MM. Hermite, Poincaré, Resal, et Daubrée; quatre Alsaciens : MM. Appell, Lévy, Friedel et Schützenberger; quatre Languedociens; MM. Darboux, Boussinesq, Gautier et Duchartre; trois Orléanais, MM. Déprez, Trécul et Cornu;

trois Berrichons : MM. Faye, Maltard et Hatton de la Goupillière; deux Flamands : MM. Mascart et Van Tieghem ; deux Normands : MM. Fouqué et Reiset; deux Nivernais : MM. Bornet et Bassot; deux Auvergnats : MM. Bouquet de la Grye et Duclaux; deux Lyonnais : MM. Jordan et Ranvier; deux Gascons : MM. de Lacaze-Duthiers et de Freycinet; un Breton : M. de Bussy; un originaire de l'Angoumois : M. Collandreau; un Champenois : M. Bouchard; un Franc-Comtois : M. Pasteur; un Dauphinois : M. Chatin; un Limousin : M. Ferrier; un Bressan : M. Sappey; un Venaissin : M. de Jonquières; un Provençal : M. Schlœsing; un Roussillonnais : M. Sarrau; un créole de la Réunion : M. Guyon. Sont nés à l'étranger : MM. Léautey, dans l'Amérique centrale; Lœvy, en Autriche; d'Abadie, en Angleterre; Lippmann, dans le Grand-Duché de Luxembourg, et Bischoffheim, en Hollande.

Paris n'est pas représenté dans les sections de minéralogie et de botanique.

Académie des Beaux-Arts. — Vingt-deux Parisiens : MM. Moreau, L.-O. Merson, Benjamin Constant, Detaille, Thomas, Barrias, Fremiet, Garnier, Vaudremer, Ginain, Daumet, Coquart, Normand, Pascal, Ancelet, Roty, Blanchard, Saint-Saëns, Gruyer, le duc d'Aumale et de Rothschild; deux originaires de l'Ile-de-France : MM. Jules Lefebvre et Jacquet; quatre Normands : MM. Chaplain, de Chennevières, Barbet de Jouy et Heuzey; quatre Languedociens : MM. J.-P. Laurens, Falguières, Mercié et Paladilhe; trois Lorrains : MM. Français, Ambroise Thomas et Michel; deux Orléanais : MM. Duplessis et Lafenestre; M. Jules Breton est

Artésien; M. Delaborde, Breton; M. Lenepveu, Angevin; M. Bouguereau, de l'Aunis; M. Paul Dubois, Champenois; M. Henner, Alsacien; M. Gérôme, Franc-Comtois; M. Guillaume, Bourguignon; M. Hébert, Dauphinois; M. Massenet, du Lyonnais; M. Larroumet, du Quercy; M. Bonnat, Béarnais et M. Reyer, Provençal.

Tous les membres de la section d'architecture sont Parisiens. Il n'y en a que quatre dans la section de peinture, et un seulement dans la section de composition musicale.

Académie des Sciences morales et politiques. — On trouve, à l'Académie des Sciences morales et politiques, vingt Parisiens : MM. Barthélemy Saint-Hilaire, Paul Janet, Guillot, Aucoc, Dareste, de Franqueville, Colmet de Santerre, Levasseur, Frédéric Passy, Léon Say, Geffroy, Zeller, Picot, Duruy, le duc d'Aumale, Boutmy, Lefèvre-Pontalis, de Rémusat, Juglar et Cambon; trois originaires de l'Ile-de-France : MM. Glasson, Achille Desjardins et Michel Desjardins; quatre Normands : MM. Gréard, Paul Leroy-Beaulieu, Sorel et J.-B. Leroy-Beaulieu; quatre Auvergnats : MM. Nourrisson, Bardoux, Charmes et Doniol; deux Alsaciens : MM. Himly et Martha; deux Lyonnais : MM. Bouillier et Germain; deux Gascons : MM. Levêque et Perrens; un Artésien, M. Cucheval-Clarigny; un Champenois, M. Vacherot; un Breton, M. Jules Simon; un Lorrain, M. Buffet; un Bourguignon, M. Rocquain; un Dauphinois, M. Bérenger; un Cévenol, M. Roussel. M. Ravaisson-Molien est né en Belgique; M. Charles Waddington, en Italie, et M. Maurice Block, en Allemagne.

La section de morale ne compte qu'un seul Parisien (1).

Académie de Médecine. — Il y a à l'Académie de Médecine, trente-trois Parisiens : MM. Berthelot, Cadet de Gassicourt, Charpentier, Gaspard Chatain, Joannès Chatain, Cusco, Debove, Duplay, Milne-Edwards, Empis, François Franck, Gariel, Hallopeau, Hayem, Jungfleich, Lagneau, Larrey, Laveran, Leblanc, Luys, Magitot, Marjolin, Moissan, Monod, Constantin Paul, Perier, Pinard, Potain, Regnauld, Terrier, Verneuil, Porak et Worms; deux originaires de l'Ile-de-France : MM. Brouardel et Budin ; huit Champenois : MM. Bergeron, Bouchard, Lancereaux, Nocard, Dugué, Landouzy, Nicaise et Hérard ; sept Alsaciens : MM. Berger, Lereboullet, Schützenberger, Germain Sée, Marc Sée, Kelchs et Strauss ; sept Bourguignons : MM. Bouchardat, Bourgoin, Chauveau, Javal, Marey, Robin et Tarnier ; cinq Normands : MM. Besnier, Dumontpallier, Hervieux, Labbé et Tillaux ; quatre Bretons : MM. Chauvel, Guérin, Rochard et Vallin ; quatre Orléanais : MM. Péan, Proust, Trasbot et Weber ; quatre Languedociens : MM. Dieulafoy, Gautier, Marty et Planchon ; quatre Gascons : MM. Laborde, Laboulbène, de Lacaze-Duthiers et Lannelongue ; trois Artésiens : MM. Caventou, Fournier et Prunier ; deux Picards : MM. Bucquoy et Le Roy de Méricourt ; deux Francs-Comtois : MM. Gabriel Colin et Pasteur ; deux Bourbonnais : MM. Cornil et Lefort ; deux Lorrains : MM. Léon Colin et Guéniot ; deux Savoyards : MM. Duval et Riche ; deux Lyonnais : MM. Ranvier et Polaillon ; deux créoles : MM. Le Dentu et Guyon ;

(1) Les renseignements concernant l'Institut sont dus à l'obligeance de M. Pingard, son secrétaire général.

un Creusois, M. Grancher; un Saumurois, M. Mesnet; un Limousin, M. d'Arsonval; un Bressan, M. Sappey; un Cévenol, M. Roussel; un Auvergnat, M. Duclaux; un Roussillonnais, M. Magnan; un Tourangeau : M. Blanchard. Sont nés à l'étranger : MM. Dujardin-Beaumetz, en Espagne; Jaccoud, en Suisse, et Panas, aux îles Ioniennes (1).

Sénat. — Sur les six sénateurs de la Seine, il y a un Parisien, M. Tolain; un Gascon, M. de Freycinet; un Lorrain, M. Poirrier; un Poitevin, M. Ranc; un Picard, M. Lefèvre et un Béarnais : M. Floquet.

Chambre des Députés. — Les trente-sept députés de Paris se répartissent de la façon suivante : douze Parisiens : MM. Georges Berger, Binder, Chassaing, Cochin, Hovelacque, Alphonse Humbert, Le Senne, Lockroy, Michelin, Millerand, Pétrot et Trélat; trois originaires de l'Ile-de-France : M. Dejeante, né en dehors de Paris, dans le département de la Seine; M. Prudent-Dervillers et M. Sembat, nés, l'un dans le département de l'Aisne, et l'autre en Seine-et-Oise; deux Flamands : MM. Marmottan et Mesureur; deux Artésiens : MM. Goblet et Jacques; deux Berrichons : MM. Brisson et Vaillant; deux Lorrains : MM. Frébault et Toussaint; deux Corses : MM. Paschal Grousset et Viviani; deux Bourguignons : MM. Barodet et Paulin-Méry; un Limousin, M. Georges Berry; un Orléanais, M. Groussier; un Bourbonnais, M. Lavy; un Breton, M. Léveillé; un originaire du Comtat-Venaisin, M. Clovis Hugues; un Languedocien,

(1) Les documents relatifs à l'Académie de médecine ont été gracieusement fournis par MM. Chancre, chef des bureaux et Dureau, bibliothécaire.

M. Rouanet; un Gascon, M. Ernest Roche; un Savoyard, M. Chautemps. MM. Chauvière et Faberot sont nés à l'étranger de parents français; le premier, en Belgique; le second, en Espagne.

Conseil municipal. — Le Conseil municipal est le groupement qui, après l'Académie de médecine, renferme le plus de Parisiens de Paris, il en compte trente et un : MM. Gibert, Lamouroux, Muzet, Caron, Maury, Foussier, Sauton, Berthelot, Ferdinand Duval, Landrin, Lerolle, Lopin, Quentin-Bauchart, Fournière, Froment-Meurice, Riant, Escudier, Villain, Faillet, Levraud, Chausse, Marsoulan, Lyon-Alemand, Girou, Davrillé des Essards, Caplain, Viguier, Gros, Breuillé, Réties et Patenne. MM. Attout-Tailfer, Deschamps, Champoudry et Vorbe sont nés dans le département de la Seine, en dehors de Paris. Le reste de l'Ile-de-France est représenté par quatre membres : MM. Despatys, Bellan, Alpy et Berthaut. Parmi les autres conseillers trois sont Normands : MM. Blondel, Hervieu et Brard; trois Cévenols : MM. Ruel, Fourest et Delhomme; trois Francs-Comtois : MM. Deville, Strauss et Blondeau; trois Picards : MM. Prache, Thuillier et Grébauval; deux Berrichons : MM. Piperaud et Bassinet; deux Languedociens : MM. Lampué, et Paul Brousse; deux Lorrains : MM. Opportun et Weber; deux Champenois : MM. Hattat et Rousselle; deux Bourguignons : MM. Moreau et Cornet; un Limousin : M. Dubois; un Breton, M. Lucipia; un Aveyronnais, M. Puech; un Poitevin, M. Blachette; un Nivernais, M. Caumeau; un originaire de la Bresse, M. Pierre Baudin; un Flamand, M. Navarre; un Béarnais, M. Lazies; un Creusois, M. Perrichont; un Tourangeau, M. Daniel; un Périgourdin,

M. Gay; un Basque, M. Picau; et un Algérien, M. Paul Bernard. Enfin deux sont nés à l'étranger de parents français, ce sont : MM. Bompard, en Italie et Clairin, au Mexique.

Deux arrondissement le VIIe et le VIIIe ont exclusivement élu des Parisiens; trois, le IVe, le XIIIe et le XIXe n'ont au contraire porté leurs suffrages sur aucun Parisien de Paris. Dans les autres arrondissements la représentation est partagée.

XI

INFLUENCE DE PARIS SUR LA PROVINCE

Jusqu'ici, on a surtout aperçu l'influence de la province sur Paris. Paris lui prend ce qu'elle a d'hommes remarquables, se les approprie, les façonne à son image et se pare de leurs talents. La France se dépouille donc pour sa capitale. Il est vrai que notre pays est le seul dans lequel une ville accapare ainsi les forces vives de l'intelligence nationale. Londres, malgré le chiffre de sa population, est surtout un port et un centre manufacturier; Oxford, Cambridge et Edimbourg lui disputent la suprématie artistique et littéraire. En Allemagne, Berlin est le siège du gouvernement impérial, mais Francfort et Munich sont ses rivales au point de vue des productions de l'esprit. Moscou n'est pas inférieur à Saint-Pétersbourg. Cadix et Séville n'ont rien à envier à Madrid. Bruxelles n'est qu'une des grandes villes de la Belgique. Il en est de même dans toute l'Europe. Rome, malgré les merveilles de son histoire, ne l'emporte guère sur Milan, Florence et Naples. Prague et Buda-Pesth sont, pour la Bohême et la Hongrie, ce qu'est Vienne pour les Autrichiens de langue germanique. Cependant, l'ensemble des Français vaut-il moins, Paris excepté, que la généralité des Anglais, des Allemands, des Russes, des Belges, des Espagnols, des Italiens ou des Austro-Hongrois? Répondre seulement que nous pouvons marcher de pair avec eux serait plutôt un excès de modestie que du chauvinisme. Paris laisse donc quelque chose aux départements. Il fait plus, il leur rend avec usure ce qu'ils lui donnent.

Les idées sont une force et, comme telles, elles subissent la loi commune à toutes les forces ; disséminées, elles sont insuffisantes pour produire un effort sérieux ; unies en faisceau, coordonnées et dirigées dans un même sens, elles acquièrent une puissance considérable. Un corps d'armée dispersé sur un front de cent cinquante kilomètres, sera traversé et ses divers éléments seront anéantis par une brigade bien commandée. Massé dans la main de son chef, il sera redoutable. Paris est le point de concentration de l'esprit français.

Les conceptions profondes ou simplement brillantes y trouvent tous les éléments de leur développement ; elles s'y prêtent un mutuel appui. Le savant y dispose des laboratoires parfaitement outillés, dont il a besoin ; l'historien, le philosophe, le romancier, l'auteur dramatique ont à leur portée des immenses bibliothèques ; l'artiste puise sans cesse dans ses musées des idées nouvelles ; il s'y inspire des modèles des maîtres pour réprimer les écarts de son imagination. L'ingénieur, l'inventeur y sont secondés par les capitaux nécessaires à la réalisation des entreprises qu'ils ont rêvées. Qui bénéficie de tout cela ? Paris incontestablement, mais en même temps que lui et autant que lui, la province.

Le livre paru aujourd'hui est à Marseille en même temps que sous les galeries de l'Odéon, il pénètre dans les petites villes presque sans retard. La photographie reproduit les tableaux remarqués aux expositions. Enfin la presse qu'un de ses plus éminents représentants appelait dernièrement avec tant de justesse « une grande puissance » s'introduit jusque dans les hameaux les plus éloignés. Les journaux y sont lus et relus pendant les longues heures d'inaction des soirées d'hiver. L'été même, alors que la moisson absorbe tous les instants, le paysan s'arrache un moment à son travail pour jeter un coup d'œil sur la « feuille ». Il cherche d'abord ce qui l'intéresse : les cours du blé, du vin, du bétail. Il parcourt le compte rendu des séances de la Chambre pour savoir si son député a fait un beau discours ou s'il s'est occupé du chemin de fer d'intérêt local, toujours promis en fin de législature et toujours ajourné. Peu à peu il s'entraîne, attaque le premier Paris, l'article de fond ; les nouvelles politiques suivent et il finit par avoir tout lu. Il y a dans l'ensemble bien des choses qu'il n'a pas comprises, mais demain, après-demain, la même idée reviendra, présentée sous une autre forme et, au bout d'un certain temps, elle aura complètement pénétré dans son cerveau et contribué à l'instruire. Si le journaliste était resté dans son village ou s'il s'était contenté de prendre la direction du *Courrier* ou de l'*Indépendant* du chef-lieu d'arrondissement, aurait-il pu frapper ainsi à coups redoublés sur l'ignorance de son compatriote ? Assurément non. C'est donc parce qu'il est venu à Paris où il a trouvé l'emploi de ses facultés qu'il a pu lui rendre ce service. Les journaux de province ont une grande utilité, mais c'est surtout parce qu'ils reproduisent en substance les articles de leurs grands confrères.

Dans un autre ordre d'idées, sans l'École polytechnique, sans l'École centrale, comment aurait-on pu creuser ce canal, dessécher ces marais, prendre sur la mer des centaines d'hectares de terrain pour les rendre à l'agriculture? Sans les grandes maisons d'émission parisiennes où aurait-on puisé l'argent nécessaire? Est-ce donc dans les bas de laine du canton? C'est par conséquent encore Paris qui a formé l'ingénieur et déterré les fonds pour des opérations qui ne lui profitent pas directement.

Cependant il y a, dit-on, antagonisme permanent entre Paris et la province; antagonisme, non; défaut d'isochronisme, oui. L'idée éclate à Paris, elle y est acceptée ou repoussée immédiatement; si elle se répand, en vingt-quatre heures elle a fait son chemin. Dans les départements, elle ne pénètre que peu à peu, se glisse doucement et ne conquiert sa place qu'avec le temps; mais elle tient bon et il faut une nouvelle série d'efforts pour la remplacer par une autre. Pendant cette évolution, elle a vieilli à Paris, on l'a déjà oubliée ou rejetée. On n'y pense plus, tandis qu'en province, elle est encore en plein épanouissement.

De plus, Paris s'emballe quelquefois; la province ne s'emballe jamais; de sorte que les enthousiasmes parisiens, s'ils ont été de courte durée, n'ont pas dépassés les fortifications. Sauf ces exceptions, assez rares, la province marche derrière Paris; seulement, lorsqu'elle passe en un point, il y a longtemps qu'il l'a quitté, mais la voie suivie est la même et c'est lui qui l'indique. En politique surtout, cela est frappant. Au lendemain du 4 Septembre, malgré nos désastres, les campagnes étaient bonapartistes; pour le paysan, le mot « conservateur » n'a pas de sens s'il ne signifie pas un gouvernement déterminé. Peu à peu, il est venu à la République, à la République née à Paris et faite par les Parisiens, non qu'il ait toujours parfaitement saisi la différence entre la monarchie d'hier et la liberté d'aujourd'hui, mais parce qu'il a senti, avec son instinct d'homme d'affaires, que la République était sérieuse, qu'elle était l'ennemie de la guerre qu'il craint par dessus tout, à cause de la gêne qu'elle amène dans son exploitation, et parce qu'il la crue, avec raison, définitivement établie. Lorsque les mécontents des villes se sont attachés à la queue d'un cheval noir fameux, pour y pénétrer derrière lui et la détruire, le campagnard a résisté à l'entraînement et c'est en partie à lui qu'elle a dû son salut. Actuellement, il reste son plus solide défenseur. Et pourtant, il a fallu des années pour la lui faire accepter !

CONCLUSION

Après avoir étudié les caractères des divers habitants de la France, on reconnaît qu'ils se classent en quatre grandes divisions : les Celtes, les Latins, les Germains, les Scandinaves, avec des mœurs différentes, dues autant au sol et au climat qu'à l'origine des occupants. Paris réunit, fond, harmonise ces caractères et en forme un type spécial : le Parisien, qui, participant de tous, possède cependant des qualités qu'on ne rencontre chez aucun d'eux. Il n'y a pas eu mélange, mais combinaison. Le Parisien est parvenu au plus haut développement intellectuel qui ait jamais été atteint en France; il ne serait pas exagéré d'ajouter : et à l'étranger; il a le don précieux de présenter ses idées sous une forme nette, précise et élégante qui séduit, les répand au dehors et les fait pénétrer partout. Le travail cérébral auquel il est incessamment soumis le fatigue et l'use. Il est donc nécessaire que la province lui fournisse continuellement des éléments nouveaux pour remplacer ceux qui disparaissent. La matière première qu'elle envoie est bonne, solide, mais elle est à peine dégrossie; Paris la polit, la transforme et, sur le diamant deviné dans sa gangue, il taille les mille facettes des brillants de sa couronne, dont les feux illuminent le monde.

FIN

TABLE DES MATIÈRES

Chapitres	Pages
Préface	5
Introduction	11
I. Qu'est-ce qu'un Parisien ?	13
II. Comment on devient Parisien.	20
III. La Genèse du Parisien	33
IV. Les Parisiens de Paris	38
V. Les Parisiens de province, Nord-Ouest, Centre-Ouest	43
VI. Les Parisiens de province (suite) Est, Nord-Est, Centre et Centre-Est	55
VII. Les Parisiens de province (fin) Sud-Ouest, Sud, Sud-Est, les Colonies.	64
VIII. Les Israélites	73
IX. Les Étrangers	77
X. La Tête de Paris.	85
XI. L'Influence de Paris sur la province.	93
Conclusion	98

www.ingramcontent.com/pod-product-compliance
Lightning Source LLC
Chambersburg PA
CBHW070307100426
42743CB00011B/2392